—— 乡村振兴特色优势产业培育工程丛书

中国油茶产业发展蓝皮书

（2022）

中国乡村发展志愿服务促进会 组织编写

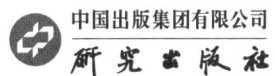

中国出版集团有限公司
研究出版社

图书在版编目 (CIP) 数据

中国油茶产业发展蓝皮书（2022）/ 中国乡村发展志愿服务
促进会组织编写. -- 北京 : 研究出版社，2023.6
ISBN 978-7-5199-1502-5

Ⅰ.①中… Ⅱ.①中… Ⅲ.①油茶 – 产业发展 – 研究
报告 – 中国 Ⅳ.①F326.12

中国国家版本馆CIP数据核字(2023)第093684号

出 品 人：赵卜慧
出版统筹：丁　波
责任编辑：寇颖丹

中国油茶产业发展蓝皮书（2022）

ZHONGGUO YOUCHA CHANYE FAZHAN LANPI SHU (2022)
中国乡村发展志愿服务促进会　组织编写
研究出版社 出版发行
（100006　北京市东城区灯市口大街100号华腾商务楼）
北京中科印刷有限公司印刷　新华书店经销
2023年6月第1版　2023年6月第1次印刷
开本：710毫米×1000毫米　1/16　印张：10.25
字数：150千字
ISBN 978-7-5199-1502-5　定价：65.00元
电话（010）64217619　64217652（发行部）

本书编写人员

主　　编：冯纪福

副 主 编：于旭东　程军勇　汪韦兴

编写人员：（按姓氏笔画排序）

方学智　王雁斌　陈永忠　张应中　宋希强

周昌勇　周新平　相　海　龚　春

本书评审专家

（按姓氏笔画排序）

毛炎新　邓　煜　张建国　相　海　徐勇将

编写说明

　　习近平总书记十分关心乡村特色优势产业的发展，作出一系列重要指示。2022年7月，习近平总书记在新疆考察时指出："要加快经济高质量发展，培育壮大特色优势产业，增强吸纳就业能力。"2022年10月，习近平总书记在陕西考察时强调："产业振兴是乡村振兴的重中之重，要坚持精准发力，立足特色资源，关注市场需求，发展优势产业，促进一二三产业融合发展，更多更好惠及农村农民。"2023年4月，习近平总书记在广东考察时要求："发展特色产业是实现乡村振兴的一条重要途径，要着力做好'土特产'文章，以产业振兴促进乡村全面振兴。"党的二十大报告指出："发展乡村特色产业，拓宽农民增收致富渠道。巩固拓展脱贫攻坚成果，增强脱贫地区和脱贫群众内生发展动力。"

　　为认真贯彻落实习近平总书记的重要指示和党的二十大精神，中国乡村发展志愿服务促进会认真总结脱贫攻坚期间产业扶贫经验，启动实施"乡村特色优势产业培育工程"，选择油茶、油橄榄、核桃、杂交构树、酿酒葡萄，青藏高原青稞、牦牛，新疆南疆核桃、红枣9个特色优势产业进行重点培育。这9个产业，经过多年的发展，都具备了加快发展的基础和条件。不失时机地采取措施，促进高质量发展，不仅是必要的，而且是可行的。发展木本油料，向山地要油料，加快补齐粮棉油中"油"的短板，是国之大者。发展杂交构树，向构树要蛋白，加快补齐肉蛋奶中"奶"的短板，是国之大者。发展青藏高原青稞、牦牛和新疆南疆核桃、红枣，加快发展西北地区葡萄酒产业，是脱贫地区巩固拓展脱贫攻坚成果和实现乡村产业振兴的需要，也是增加农民特别是脱贫群众收入的重要措施。中国乡村发展志愿服务促进会将动员和聚合社会力量，通过培育重点企业、强化科技支撑、扩大市场销售、对接金融资源、发布蓝皮书等工作，服务和促进9个特色优势产业加快发展。

发布蓝皮书是培育工程的一项重要内容，也是一项新的工作，旨在普及产业知识，反映产业状况，推广良种良法，介绍全产业链开发的经验做法，营造产业发展的社会氛围，促进实现高质量发展。我们衷心希望，本丛书的出版发行，能够在这些方面尽绵薄之力。丛书编写过程中，得到了各方面的大力支持。我们诚挚感谢所有参加蓝皮书编写的人员，感谢在百忙之中参加评审的专家，感谢为丛书出版提供支持的出版社和各位编辑。由于是第一次组织特色优势产业蓝皮书的编写，缺乏相关经验和参考，加之水平有限，疏漏谬误在所难免，欢迎广大读者批评指正。

丛书编委会

2023年6月

代　序

乡村振兴特色优势产业培育工程实施方案

中国乡村发展志愿服务促进会

2022年7月11日

民族要复兴，乡村必振兴。脱贫攻坚任务胜利完成以后，"三农"工作重心历史性转到全面推进乡村振兴。为贯彻落实习近平总书记关于粮食安全的重要指示精神，落实《国家乡村振兴局 民政部关于印发〈社会组织助力乡村振兴专项行动方案〉的通知》（国乡振发〔2022〕5号）要求，中国乡村发展志愿服务促进会（以下简称促进会）认真总结脱贫攻坚期间产业扶贫经验，选择油茶、油橄榄、核桃、酿酒葡萄、杂交构树，青藏高原青稞、牦牛，新疆南疆核桃、红枣9个特色优势产业进行重点培育，编制《乡村振兴特色优势产业培育工程实施方案》（以下简称《实施方案》）。

一、总体要求

（一）指导思想

以习近平新时代中国特色社会主义思想为指导，全面贯彻习近平总书记关于"三农"工作的重要论述，立足新发展阶段，贯彻新发展理念，构建新发展格局，落实高质量发展要求。按照乡村要振兴、产业必先行的理念，坚持"大

1

食物观"，立足不与粮争地，坚守18亿亩耕地红线，本着向山地要油料、向构树要蛋白的思路，加快补齐粮棉油中"油"的短板、肉蛋奶中"奶"的短板，持续推进乡村振兴特色优势产业培育工程。立足帮助优质农产品出村进城，不断丰富市民的"米袋子""菜篮子""果盘子""油瓶子"，鼓起脱贫地区人民群众的"钱袋子"。立足推动农业高质高效、乡村宜居宜业、农民富裕富足，为全面推进乡村振兴、加快农业农村现代化提供有力支撑。

（二）基本原则

——坚持政策引导，龙头带动。以政策支持为前提，积极为产业发展和参与企业争取政策支持。尊重市场规律，发挥市场主体作用，择优扶持龙头企业做大做强，充分发挥龙头企业的示范带动作用。

——坚持突出重点，分类实施。突出深度脱贫地区，遴选基础条件好、带动能力强的企业，进行重点培育。按照"分产业、分区域、分重点"原则，积极推进全产业链发展。

——坚持科技支撑，金融助力。加强对特色优势产业发展的科研攻关、科技赋能作用，促进科研成果及时转化。对接金融政策，促进企业不断增强研发能力、生产能力、销售能力。

——坚持行业指导，社会参与。充分发挥行业协会指导、沟通、协调、监督作用，帮助企业加快发展，实施行业规范自律。充分调动社会各方广泛参与，"各炒一盘菜，共办一桌席"，共同助力产业发展。

——坚持高质量发展，增收富民。坚持"绿水青山就是金山银山"理念，帮助企业转变生产方式，按照高质量发展要求，促进产业发展、企业增效、农民增收、生态增值。

（三）主要目标

对标对表国家"十四五"规划和2035年远景目标纲要，设定到2025年、2035年两个阶段目标。

——到2025年，布局特色优势产业培育工程，先行试点，以点带面，实现突破性进展，取得明显成效。完成9个特色优势产业种养适生区的划定，推广"良种良法",建设一批生产基地。培育一批龙头企业、专业合作社和家庭农场等市场主体,建立重点帮扶企业库,发挥引领带动作用。聘请一批知名专家,建立专家库,做好科技支撑服务工作。培养一批生产、销售和管理人才,增强市场主体内生动力,促进形成联农带农富农的帮扶机制。

——到2035年,特色优势产业培育工程形成产业规模,实现高质量发展。品种和产品研发取得重大突破,拥有多个高产优质品种和市场占有率高的产品。种养规模与市场需求相适应,加工技术不断创新,产品质量明显提升,销售盈利能力不断拓展,品牌影响力明显增强。拥有一批品种和产品研发专家,一批产业发展领军人才和产业致富带头人,一批社会化服务专业人才。市场主体发展壮大,实现一批企业上市。联农带农富农帮扶机制更加稳固,为共同富裕添砖加瓦,作出积极贡献。

二、重点工作

围绕特色优势产业培育工程目标,以"培育重点企业、建立专家库、实施消费帮、搭建资金池、发布蓝皮书"为抓手,根据帮扶地区自然禀赋和产业基础条件,做好五项重点工作。

(一)培育重点企业

围绕中西部地区,特别是三区三州和乡村振兴重点帮扶县,按照全产业链发展的思路遴选一批产业基础好、发展潜力大、创新能力强的企业,建立重点帮扶企业库,作为重点进行培育。对有条件的龙头企业,按照上市公司要求和现代企业制度,从政策对接、金融支持、消费帮扶等方面进行重点培育,条件成熟的推荐上市。

(二)强化科技支撑

遴选一批品种研发、产品开发、技术推广、工艺研究等方面的专家,建立专家库,有针对性地对制约产业发展的"卡脖子"技术难题进行联合攻关。为企业量身研发、培育种子种苗,用"良种良法"助力企业扩大种养规模。加强产品研发攻关,提高产品品质和市场竞争力。充分发挥企业家在技术创新中的重要作用，鼓励企业加大研发投入，承接和转化科研单位研究成果，搞好技术设备更新改造，强化科技赋能作用。

（三）扩大市场销售

帮助企业进行帮扶产品认定认证，给帮扶地区产品提供"身份证"，引导销售。利用促进会"帮扶网""三馆一柜"等平台和载体，采取线上线下多种方式销售。通过专题研讨、案例推介等形式，开展活动营销。通过每年发布蓝皮书活动，帮助企业扩大影响，唱响品牌，进行品牌销售。

（四）对接金融资源

帮助企业对接国有金融机构、民营投资机构，引导多类资金对特色优势产业培育工程进行投资、贷款，支持发展。积极与有关产业资本合作，按照国家政策规定，推进设立特色优势产业发展基金，支持相关产业发展。利用国家有关上市绿色通道，帮扶企业上市融资。

（五）发布蓝皮书

组织专家编写分产业的特色优势产业发展蓝皮书。做好产业发展资料收集、整理、分析工作，加强国内外发展情况对比分析，在总结分析和深入研究的基础上，按照蓝皮书的基本要求组织编写，每年6月前对外发布上一年度产业发展蓝皮书。

三、保障措施

（一）组建项目组

促进会成立项目组，制定《实施方案》并组织实施。项目组动员组织专家、企业家和有关单位，分别成立9个项目工作组，制定产业发展实施方案并组织实施。做好产业发展年度总结，编写好分产业特色优势产业发展蓝皮书。

（二）争取政策支持

帮助重点龙头企业对接国家有关产业政策、产业发展项目。协调相关部门，加大帮扶工作力度，争取将脱贫地区重点龙头企业的产业发展规划纳入国家有关部门和有关地区的专项发展规划并给予支持。争取各类金融机构对重点帮扶龙头企业给予贷款、融资优惠,助力重点帮扶企业加快发展。

(三)坚持典型引领

选择一批资源禀赋好、发展潜力大、市场前景广的种养基地作为示范种养典型,选择一批加工能力精深、技术先进、效益良好的龙头企业作为产品加工示范典型,选择一批增收增效、联农带农富农机制好的市场主体作为联农带农富农典型。通过典型示范,引领特色优势产业培育工程加快发展。

(四)搞好社会动员

建立激励机制,让热心参与特色优势产业发展的单位和个人政治上有荣誉、事业上有发展、社会上受尊重、经济上有效益。加强宣传工作,充分运用电视、网络等多种媒体,加大舆论宣传推广力度,营造助力特色优势产业培育工程的良好社会氛围。招募志愿者,创造条件让志愿者积极参与特色优势产业培育工程。

(五)加强协调促进

充分利用促进会在脱贫攻坚阶段取得的产业发展经验和社会影响力,协调脱贫地区龙头企业对接产业政策,动员产业专家参与企业技术升级和产品研发,衔接金融资源帮助企业解决资金难题。发挥行业协会的积极作用,按照公开、透明、规范要求,帮助企业规范运行,自我约束,健康发展。

四、组织实施

(一)规范运行

在促进会的统一领导下,项目组和项目工作组根据职责分工,努力推进9个特色优势产业培育工程实施。项目组要根据产业特点组织制定专家库、重点帮扶企业库的建设与管理办法、产业发展培育项目管理办法,包括金融支持、消费帮扶、评估评价等办法,做好项目具体实施工作。

(二)宣传发动

以全媒体宣传为主,充分发挥新媒体优势,不断为特色优势产业培育工程实施营造良好的政策环境、舆论环境、市场环境,让企业家专心生产经营。宣传动员社会各方力量，为特色优势产业培育工程建言献策。

（三）评估评价

发动市场主体进行自我评价，通过第三方调查等办法进行社会评价。特色优势产业培育工程项目组组织有关专家、行业协会、企业代表，对9个特色优势产业发展情况、市场主体进行专项评价。在此基础上，进行评估评价，形成特色优势产业发展年度评价报告。

CONTENTS | 目录

第四章
油茶产业典型发展模式与代表性企业分析 / 091

油茶产业基本现状

第一节　油茶产业基本情况

油料安全是粮食安全重要的组成部分，发展木本油料产业是解决粮油安全的重要举措和多油并举的重要组成部分。油茶等木本油料产业不与粮争地，是我国保障油料供给的优势产业、潜力产业。党中央、国务院高度关注油茶产业发展，党和国家领导人多次就油茶产业发展作出重要批示，推动了油茶产业快速发展。

一、油茶的开发与利用情况

（一）油茶种植历史

油茶生长在温度较高的湿润气候区，在中国已有2300多年的栽培历史，主要分布在广东、香港、广西、湖南及江西。

相关资料显示，宋代以后油茶种植的记载相对较多。北宋诗人梅尧臣《山茶花树子赠李廷老》诗中有"南国有嘉树，花若赤玉杯……举武尚有碍，何地可以栽"，表达了山茶树籽无地可栽的感叹。北宋年间，苏颂所著的《图经本草》中对油茶籽的性状、产地和效用进行了详细的记载。南宋郑樵所著的《通志》有"南方山土多植其木"的记载，这表明在宋代油茶栽培获得很大发展。

（二）油茶产品消费情况

油茶，其种子的脂肪油称为茶油，在我国古代属于"御膳"用油。茶油营养价值极高，具有预防高血压、高血脂和软化血管等保健作用。茶油与橄榄油的脂肪酸组成、营养成分相似，成分间的比例还略好于橄榄油，因此素有"东方橄榄油"和"油中软黄金"之美誉。

茶油在国内外具有较好的市场前景。全世界40多个国家以橄榄油为主要食用油，茶油是我国独有的木本油料，也是唯一一种可以与橄榄油媲美的食用油。2021年，全国茶油消费量约为95.2万吨，虽只占国内食用油消费量的1.1%，但相较2013年量增长了1.7倍，说明茶油正逐步被市场所认可，被消费者所信赖，国内市场发展前景良好。另外，国际市场上茶油较为畅销。课题组对安徽华银茶油公司、湖南大三湘茶油公司、福建德化县祥山大果油茶公司等出口茶油业务的公司进行调研，发现茶油进口国主要有日本、马来西亚、韩国、德国、法国、英国和美国等，其中日本为主要消费国。随着国际市场对茶油优质特质认识的不断加深，国际企业从中国进口茶油进行转销必然会成为一种趋势。

（三）油茶产业链情况及其延伸

当前，油茶的产业链上游以种苗培育、种植为主，以油茶种植基地为载体，中游是油茶籽去皮压榨等初加工，产出包括茶油、茶壳、茶粕等，下游为茶油及副产品综合开发利用，产品包括食用茶油、茶油日化品、茶皂素、有机肥等（如图1-1所示）。除食用茶油之外，茶油因油酸含量高、热稳定性好，也是优良的化妆品用油，可以起到润肤美颜的效果。另外，榨油后的渣滓含有大量多糖、蛋白质及茶皂素，经深加工可生产精油、皂素、茶粕等系列产品，又可生产有机肥料、生物农药和机床抛光粉，制造洗发香波等。茶皂素有强效的去污和杀菌杀虫能力，可制成生态环保的清洁剂、消毒剂和杀虫剂。茶壳可提炼茶碱、栲胶，制作优质栽培基质。

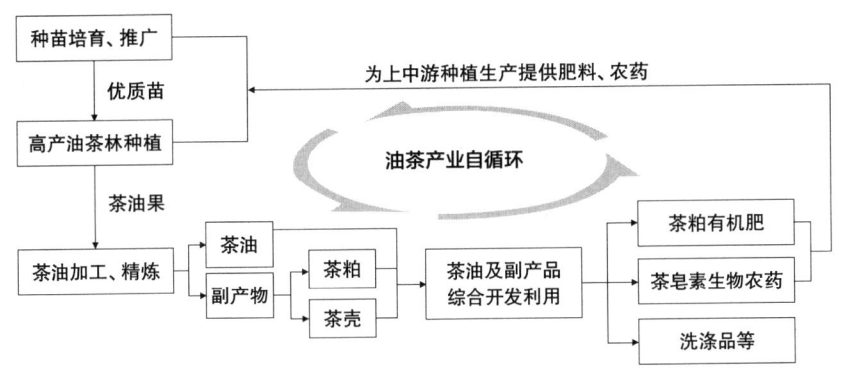

图1-1 油茶产业链示意图

产业链上游：根据《加快油茶产业发展三年行动方案（2023—2025年）》，油茶种植发展区域包括核心发展区和重点拓展区，核心发展区包括湖南、江西、广西、湖北、广东、福建、浙江、贵州8个省（区）的近600个县，计划新增油茶种植1488.5万亩、改造低产林1110.6万亩，分别占全国新增、改造任务的77.6%、87%。重点拓展区包括云南、海南、河南、重庆、四川、安徽、陕西7个省（市）的近200个县，计划新增油茶种植428.5万亩、改造低产林165.3万亩，占全国新增、改造任务的22.4%、13%。

产业链中下游：根据全国企业信用信息查询系统，以"油茶加工"为关键词，林业行业分类下共获取1522个合作社、企业从事油茶加工。其中，湖南企业、合作社数量最多，达到449个，其次为江西、湖北、福建、安徽。另外，具备油茶精深加工技术的企业有69家，湖南最多，达到38家。

近年来，随着市场需求多元化，油茶产业链也进行了不同程度的延伸与发展；另外，多地通过积极探索"油茶+"套养、"油茶+"生产经营、"油茶+"生态旅游等多种发展模式，延伸油茶产业链。例如，贵州省天柱县采取"油茶林+生态土鸡"模式，在25万亩油茶林下养鸡，带动5万余户群众通过就业和发展油茶实现增收；贵州省三穗县采取"国有公司+村级集体经济组织+家庭林场"和"反租倒包"模式引导群众参与入股合作分红，提高群众收益；贵州省锦屏县依托偶里乡云照村建设锦屏有机油茶庄园，打造集休闲观光、油茶文化体验、健康养生为一体的山地高效农业综合体，以茶促旅、以旅带茶，实现卖茶油和卖"旅游"双赢。

（四）油茶产业在国家粮油安全战略中的地位

党的十八大以来，党中央、国务院高度重视油茶发展，采取了一系列有效措施，促进油茶产业快速健康发展。《全国大宗油料作物生产发展规划（2016—2020年）》将油茶纳入国家食用油安全战略大局中统筹支持。国务院办公厅出台的《关于加快木本油料产业发展的意见》，明确重点发展油茶等11个木本油料树种。有油茶的15个省（区、市）都印发了油茶发展规划，出台了油茶扶持政策。目前，参与油茶发展的企业达到2500多家，选育审定241个优良品种，基本形成了从良种选育、抚育管理、采收处理到精深加工等全过程科技创新体系。

二、油茶产业现状

（一）油茶种植情况

"十三五"时期，全国新造油茶林1080万亩，改造低产林1179万亩，我国油茶林结构发生了明显变化，高产林面积已超过1400万亩，良种使用率在95%以上。随着升级良种逐步进入盛果期以及抚育管理技术的进一步提高，油茶未来仍有巨大增产空间。全国15个油茶主产省（区、市）为湖南、江西、广西、浙江、福建、广东、湖北、贵州、安徽、云南、重庆、河南、四川、陕西、海南，辐射近一半的国土面积，覆盖642个县（市、区），82473万人口。

为了提升全国油茶良种化水平，2017年，国家林业局对全国原有审（认）定的420个油茶品种进行了一次筛选优化，最终选择确定了120个作为全国油茶主要推广品种，并发布了《全国油茶主推品种目录》，2022年9月30日，国家林业和草原局发布《全国油茶主推品种和推荐品种目录》，对推动全国油茶产业发展特别是良种化进程发挥了重要作用。

（二）油茶加工与利用情况

2021年，全国油茶籽、茶油产量分别达到约394万吨、88.9万吨，较"十三五"时期初的216万吨、54万吨分别增加82.4%、64.6%。各省（区、市）油茶籽、茶油产量如表1-1和表1-2所示。其中，中林集团（央企）大力支持油茶产业发展，预计在2025年前在全国启动建设10个新型油茶产业园区，配套建立10个油茶林基地，重组和整合油茶企业，形成年产30万吨茶油的国内知名龙头企业。

表1-1　2021年油茶主产区油茶籽产量

单位：吨

省份	油茶籽产量	省份	油茶籽产量
浙江	94442	广西	454829
安徽	129592	海南	6750
福建	165321	重庆	15560
江西	698116	四川	28402

省份	油茶籽产量	省份	油茶籽产量
河南	61193	贵州	89133
湖北	257624	云南	29802
湖南	1716414	陕西	17536
广东	177662		

数据来源：《中国林业和草原年鉴2021》

表1-2　2021年油茶主产区茶油产量

单位：吨

省份	茶油产量	省份	茶油产量
湖南	413520	贵州	18984
江西	171150	河南	12315
广西	104420	云南	6111
湖北	44642	四川	3834
广东	39071	陕西	3435
安徽	25358	重庆	2577
浙江	23848	海南	578
福建	19541		

数据来源：《中国林业和草原年鉴2021》

三、油茶产业发展与乡村振兴

（一）促进产业兴旺

油茶产业有显著的生态效益、经济效益和社会效益，加快油茶产业发展是改善人民群众食用油结构、维护国家油料安全的战略举措，是调整农村产业结构、增加林农收入的重要途径。以油茶种植业为基础，以茶油精深加工企业为龙头，开发系列产品，延伸油茶产业链，集聚相关产业，既能为林农提供最直接、最可靠的就业机会，有效实现林农持续稳定增收，又能优化产业结构，推动新型工业化发展，促进产业兴旺。

（二）联农带农富农

针对农民原来种植油茶规模偏小问题，要确定重点发展区域，按照相对集中连片原则做好产业基地规划，将新建基地和原有种植地串联起来，打造一批高标准、规模化产业基地。要依靠大企业，培育龙头企业作为发展实施主体，采取多种形式的合作方式，引进有实力的优强企业参与，全面开展油茶种植、管护、加工、销售工作，不断壮大集体经济。针对加强联农带农利益联结问题，以推进"资源变资产、资金变股金、农民变股东"的"三变"改革为抓手，以推进农业产业结构调整为契机，采取"国有企业+龙头企业+合作社+农户+基地"模式，组织农户以林地等生产资料入股分红，增加就近就业岗位，打开农户增收致富思路。

（三）带动地方经济

油茶种植业是劳动密集型产业，近80%的投入是人工劳务。油茶产业发展可安置社会闲散人员和农村劳动力，帮助农户脱贫致富。每10亩油茶可解决1名劳动力就业。油茶种植每亩成本在1500元以下，在幼林前期的第1~3年无经济效益，第4年开始挂果，每年产量成倍递增，盛果期长达50~100年，油茶种植每亩收入近万元。油茶籽产量是油菜籽产量的2~8倍，食用茶油的市场价格是菜籽油的3~5倍。因此油茶种植的经济效益十分可观，可以大力带动地方经济发展。

（四）促进生态改善

油茶树是常绿阔叶树种，营造油茶林不仅可以加快造林绿化，提高森林覆盖率，而且可以保持水土、涵养水源、调节气候等，能显著改善农村生态面貌和居住环境。发展油茶产业对于促进社会主义新农村建设、构建资源节约型和环境友好型社会、建设生态文明，都具有十分重要的意义。

（五）繁荣乡村文化，助力乡村治理

油茶花开的季节，茶花遍野，花香醉人，让人流连忘返。我国许多地方都有油茶的相关故事和佳话，油茶产业应该走出一条"产业+文化"的发展之路。可以以产业融合发展为中心，丰富油茶文化内涵，举办"赏茶花唱山歌""油茶文

化节"等活动，利用互联网促进宣传推广，打造乡村特色文化产品。

第二节　油茶产业存在问题分析

一、油茶种植存在问题分析

（一）油茶品种选育

1. 良种评价总体滞后

现有良种评价主要包括出籽率、出仁率、种仁含油率、脂肪酸组成等茶油营养成分特征差异、单位冠幅面积产量及抗病虫性；对油茶良种的生物学、生理学、生态学等特性缺乏系统深入细致的研究，特别是良种性状与地理环境、经营管理措施以及气候变化等相互间的关联分析缺乏，对高品质与高抗性选育指标未进行综合考虑，导致油茶良种评价在具体应用上缺乏针对性、指导性。

2. "良种组配"研究薄弱

在油茶良种推广造林中，对于油茶林分的品种结构缺乏确切的理论指导和实证分析。一些技术人员根据"花期一致"理论提出了"良种组合配置"的要求，然而，在具体应用结果上，一些经过"组合配置"的林分也未能获得理想的果实与茶油产量，有的甚至出现大量的"有花无果"现象。可见，其理论支撑和实证研究均严重不足，要开展品种配置试验研究，建立"花期相遇"和"亲和性高"的品种配置技术体系和良种栽培组合模式。

3. 新一代良种培育进展迟缓

传统选择法的育种是推进并创制出新一代良种的经典方法，然而育种周期较长，难以在短时期内创制出新一代良种。而经控制授粉的杂交育种虽然已经得到了一些后代，且经子代测定也得到了一些优良组合，但离品种审定、推广还有很长的路要走。油茶良种通过航天诱导育种，由于受诱变随机性影响，也没有实质性进展与成效。另外，油茶具有林木普遍存在的高度杂合特点，同时油茶物种倍性多样，染色体核型从二倍体至八倍体均有，复杂的染色体核型及庞大的基因组，使得遗传图谱构建和功能基因解析难度较高，基因工程、细胞工程等生物技术应用尚缺前期技术积淀，不可一蹴而就，分子育种研究亟待寻求新技术突破。要开展油茶全基因组测序研究，寻找高产、高含油、高抗相关的基因，并开展功能验证。

（二）油茶高产高效种植

1. 现存油茶林分中低产林占比高

现有进入盛果期的高产油茶由于品种、密度及水肥管理、修剪等问题，产能未得到充分发挥，产量达不到预期。原有大面积油茶自然林由于品种与粗放管理等问题仍为低产状态，规模化油茶种植基地产量提升方面仍未寻找到有效的途径。以江西省为例，截至2022年，该省油茶产值500.77亿元，油茶林面积1559.76万亩，鲜果产量233.6万吨，茶籽产量58.4万吨。（注：油茶鲜果产量无统计基础数据，数额=茶籽产量×4）规模化造林亩产茶油达30千克的面积不到10%，高产林分多为林农经营小面积油茶林，老林绝大部分处于"天养"状态，多为低产（5千克/亩）低值状态。

2. 高产油茶林分密度大，产量、效益不高

受早期政策导向影响，现有油茶高产林大部分初植密度过大，进入盛果期即7至8年后，大多林分郁闭度超过0.7，经营者不舍得间伐，林内通风透光度差，病虫害发生率高，林分抚育管理（施肥、垦覆等）困难，油茶不仅产量与效益低，而且采摘作业难度高。因此，我们要集中建一些示范林，让老百姓看到实际的效益，自觉地进行砍伐，改变油茶林分密度过大的现状。

3. 水分养分精准管理技术水平差

高产油茶林分大小年仍较明显，林分高产年份少。油茶产业高质量发展迫切需要深入分析油茶树水分需求规律、适宜给水时间及其水分与产量、含油率之间的相互关系，显著提升油茶林水分精准管理水平；同时，配合开展林地养分因子尤其是微量元素对产量影响与制约的关键技术的研究，总结养分管理措施。建议油茶林地安装水肥一体化设备，一方面为科学研究提供方便，另一

方面方便基地补充水分。

4.坐果结实机理与品系配置技术研究不足

对油茶花粉传播、受精、结实、茶果生长发育等基础生理过程研究不足，机理不清，生产中油茶品系的盲目配置，均影响林分充分地授粉结实，导致油茶高产林分"有花无果"、产量低的现象频发。因此，迫切需要充分挖掘油茶授粉、受精、结实机理，优化品系配置技术，促进油茶增产增效。

5.低产低效林精准改造与提升技术不匹配

目前，低产油茶林天然形成、种质混杂、树龄老化、经营粗放，缺乏对其改造所需的全面系统的理论与技术方法。我国南方推广的油茶优良无性系中良种未达产的原因需深入分析，尤其需针对新造低产林提出分类实施、提升品质的匹配技术与示范林建设方案。

（三）油茶农艺农机融合技术与装备

1.缺乏系统性研究，农艺农机融合研究不足

近几年来，油茶机械化经营和加工相关装备研究受重视程度不断提高。在宜机化品种选育、宜机化栽培模式选择、育苗、栽植、垦复、开沟、割草、施肥、修剪、授粉、采收、运输、破壳、籽壳分离、烘干等环节中，栽植、割草、运输等借鉴使用了一些其他作物的成熟农机具；在油茶育苗机械方面，国家林业和草原局哈尔滨林业机械研究所研制了适用于油茶苗木的嫁接机械，该机械采用人工放置砧木和穗木苗，实现了油茶苗嫁接的半自动化。油茶采果授粉技术及机械的研究非常稀缺，仅有极个别研究者进行过相关研究工作，包括油茶采粉专利研发和植保无人机搭载油茶花粉悬浮液喷施授粉试验。油茶果采收后至压榨前，还需经过堆沤、分级、破壳、清选、烘干等生产环节，这些环节一直缺乏成熟机械装备，基本处于"无机好用""无好机可用"的局面。虽然不少科研单位和企业进行了大量研究，直到目前仍然没有很好的解决方案。

2.机械装备不成熟，实际应用问题多

目前，油茶机械的研究是各个科研单位从单一的技术层面入手，没有从油茶生产整个产业链进行系统考虑，导致研发装备难以适应油茶生产真实场景和达到生产标准。同时,各环节装备效率低、环节之间装备共享性差、机械应用成本高,难以适应当前油茶生产需求。现有的中耕管理机械通常借用其他田间作物的同类型装备,且多为半自动化农机具,虽也能部分适用于山地果园等复杂地形,但往往达不到油茶生产的标准,与油茶实际种植场景、生长特性不适应。

二、油茶加工与利用存在问题分析

油茶加工是油茶产业的下游和产品终端环节,其发展的程度和市场竞争力直接影响油茶产业能否持续健康发展,由于多种原因,我国油茶加工水平整体不高,产品单一,产业链条较短,企业规模小,自动化智能化水平不高。

油茶果采摘后规模化处理程度不高。油茶果采摘已成为油茶产业发展最为薄弱的一环。目前油茶果"抢收"现象普遍。油茶主要种植在山地丘陵,早期种植缺乏规划,交通运输极为不便,多数地区油茶果依靠人工采摘,劳动强度大,劳动力需求大、成本高,作业效率低下,传统的人工采收方式已经无法满足产业化的需求。油茶花果同期,采摘应考虑地形、油茶树损伤程度、采收率等因素。油茶果实的机械化采摘是世界性难题,到目前还没能实现高效机械化采摘。

缺乏油茶产品营养功能研究和高附加值产品开发。茶油与橄榄油功能脂成分类似。橄榄油经过国际营养学家的功能评价和对人群慢性病的干预研究,功能活性成分和作用机制相对明确,形成相对完善的高附加值产品链和产值超过千亿元的产业。油茶籽富含丰富的功能活性成分,具有多种功能,但由于茶油营养成分和作用机制研究相对较晚,对其营养和功能活性成分的作用机制缺乏系统研究,因而缺乏功能食品等高附加值产品开发的理论基础。目前和油茶相关的主流产品是初级加工的食用烹调油,产品附加值偏低,基于营养功能设计的高附加值产品较少,难以满足不同阶层消费者需求。

油茶果加工剩余物综合利用不够。随着产业的蓬勃发展,茶油加工的副产物油茶粕也将达到300万吨以上。如此巨量的加工副产物如果不能有效利用,仅仅依靠填塘等消耗，会给环境造成巨大的压力。同时由于油茶粕不能有效利用，会直接限制油茶产业链的发展，成为产业发展的瓶颈问题。目前对油茶粕的主要应用是提取油茶皂素，当前我国年产油茶皂素约1万吨，消耗油茶粕约5万吨，仅占全部油茶粕不到2%，所以亟须为油茶粕深加工找到新的出路。

三、油茶出口贸易存在问题分析

为了解企业油茶出口贸易情况，及时掌握油茶出口动态趋势，编写组调研了安徽华银茶油公司、湖南大三湘茶油公司、福建德化县祥山大果油茶公司等具有代表性的公司。总体来看，当前茶油出口贸易呈现以下特征。

出口贸易规模相对较小。从茶油市场需求构成来看，主要由国内需求和国际需求组成，国内消费量占总需求比重接近100%，出口总量占比极低。如衡阳市2021年茶油年产12万吨，而出口量仅为100吨，占全国出口的10%。从出口企业来看，2021年，全国已有数千家茶油生产企业，但从事出口贸易的集中于少数几家企业。

油茶出口食品安全质量有待增强。国内外消费者对食品安全问题尤为重视，鉴于我国油茶贸易刚刚起步，企业以中小企业为主，在茶油国际贸易中可能存在着一定的不当行为。近年来，江西、湖南等地多款茶油产品抽检不合格，溶剂残留量、过氧化值等不符合国家标准，极大影响了消费者信心，值得引起出口企业重视。

油茶产品缺乏国际统一规格和要求。根据国内油茶出口企业反馈，因缺乏国际统一规格和标准，油茶出口受各国政策法规或标准不同的限制，也可能导致茶油的出口企业疲于应付。此外，茶油被纳入国际食品法典还有待审议，需要对茶油标准化进行可行性评估。

出口贸易发展潜力有待挖掘。受制于传统经营理念的束缚，我国中小企业大多对国际市场营销的理念和方法比较陌生，缺乏营销渠道、人才队伍和技术支撑。各出口企业实力不强，缺乏参加国际展会或博览会活动的经验，对拓展海外客户和开展出口贸易业务存在一定知识盲区。

第三节　油茶产业政策及发展环境分析

一、国家层面对油茶产业的促进政策

近年来,我国加大对油茶产业的政策扶持力度,油茶种植面积、产量逐步提高。2023年1月,国家林业和草原局、国家发展和改革委员会、财政部联合印发《加快油茶产业发展三年行动方案(2023—2025年)》,明确2023年至2025年新增油茶种植1917万亩、改造低产林1275.9万亩,到2025年,全国油茶种植面积达到9000万亩以上、茶油产能达到200万吨等一系列发展目标。

行动方案统筹考虑了15个适宜种植油茶省(区、市)的自然条件和发展历史、现状、潜力等因素,按照核心发展区和重点拓展区布局油茶发展任务。行动方案还明确了支持政策,包括建立健全油茶生产用地、财政资金、金融信贷等支持政策体系。同时,还提出加强组织保障,要求加强组织领导,明确职责分工,实行专人专管,强化监督考核,实施精细管理,确保中共中央、国务院关于油茶产业发展的决策部署落到实处。

二、各级政府层面对油茶产业的促进政策

油茶是我国特有的重要木本油料树种,利用油茶籽加工而成的茶油是我国传统食用植物油。地方发展油茶产业对于增强地方食用油料供给能力、满足人民营养健康需求具有重要意义。全国各地各级政府层面对油茶产业的促进政策主要体现在以下11个方面。

1. 多渠道拓展用地空间

支持利用低效茶园、低效人工商品林地、疏林地、灌木林地等各类适宜的非耕地国土资源改培油茶,扩大油茶种植规模。

2. 推广使用油茶良种

鼓励加强油茶良种培育,出台相关政策奖励油茶良种培育和推广。

3. 提升油茶加工能力

鼓励油茶产区招引孵化精深加工企业，支持油茶加工企业申报省级以上龙头企业、高新技术企业。引导龙头企业、专业合作社等新型经营主体就近布设初加工点，建设油茶鲜果、干油茶籽和初榨毛油的烘干脱壳、冷链、物流、仓储等配套设施。支持企业在功能性茶油、医药健康产品等方面的技术开发，加快油茶粕、茶籽饼综合开发利用，提高油茶产品附加值。对精深加工项目给予贷款贴息、品牌创建、示范创优等支持。

4. 支持油茶特色品牌打造

很多地区出台政策整合地方品牌资源，打造具有市场影响力的区域公用品牌。推动构建以公用品牌为引领，地方区域特色品牌、企业知名品牌相融合的品牌体系。支持油茶龙头企业、社会团体申报绿色食品、有机食品、地理标志农产品等认证，健全产品质量送检、抽检、公示和责任追溯制度。鼓励油茶优势产地、产品加工基地与电商销售平台对接，打造"网红"品牌。

5. 鼓励集中集约发展

多地支持以油茶标准化种植基地为依托，围绕精深加工、"油"旅融合，打造"万亩林亿元钱"油茶产业园区。支持以省级油茶产业园区为基础，积极申报国家林业产业示范区。加快完善油茶基地和园区基础设施及生产装备，着力提升基地整地改土、水利灌溉、作业便道及对外连接道路等生产条件。

6. 支持多元业态融合

鼓励各地依托油茶园区、种植基地，因地制宜发展生态旅游、森林康养产业。支持符合条件的单位建设生态旅游区、森林康养基地、自然教育基地、森林乡镇、绿美乡村等。支持各地举办油茶花节、油茶博览会等活动推介油茶特色产品，打造以油茶花、油茶文化为主题的花卉（果类）生态旅游节品牌，培育以油茶为特色的乡村生态旅游精品线路。

7. 强化科技支撑

支持科研院校、龙头企业设立油茶产业技术研究机构，培育高层次创新团队，支持申报科学技术奖励和计划项目。

8. 加强组织领导

建立健全油茶产业工作推进机制,省级层面由省林草局牵头,省发展改革委、科技厅、财政厅、自然资源厅、生态环境厅、交通运输厅、农业农村厅、商务厅、文化和旅游厅、省市场监管局、省乡村振兴局、省地方金融监管局等部门按职能职责分工合作、共同推进。油茶适生区各级政府要充分认识发展油茶产业的重大意义。

9. 强化财政支持

各省市政府层面对油茶产业的促进发展均制定了不同标准的财政补助政策,对新造和改造的油茶林基地,分别按照一定的标准进行补助,部分地区还设定了特色农业保险补贴。很多地区将油茶产业纳入粮油发展专项、乡村振兴、水利基础设施、农村道路等相关资金支持范围。

10. 加强金融扶持

鼓励金融机构创新产品和服务模式,创新"油茶贷"等信贷产品,开展经济林木(果)权证抵押贷款和林地不动产证抵押贷款。支持将油茶纳入政策性贷款业务范围。符合条件的油茶企业、专业合作社银行贷款项目,按规定给予贴息。实施政策性森林保险保费补贴政策,支持开展油茶保险业务。鼓励农业信贷担保机构将油茶纳入担保范围。

11. 完善体制机制

推广"龙头企业+专业合作社+农户""保底分红""二次返利"等模式,完善多元化利益联结机制。探索实施油茶籽最低价收购政策。利用直采直供、农村电商、网络营销等现代物流和新型营销方式,推动生产者融入现代销售物流体系,建立稳定的产销协同机制。

三、相关协会、社会团体对油茶产业的帮扶与促进

油茶(产业)协会是从事油茶产业及与油茶产业有关的种苗、生产、加工、流通、教学、科研、消费等领域的法人和自然人自愿联合组成的跨地区、跨部门、非营利性行业性社会团体,目前以中国林业产业联合会油茶分会为首的全

国油茶协会数量有10多家，主要职能是油茶行业服务、行业合作、行业协调及收集行业诉求等。对油茶产业发展的主要作用：加强从事油茶生产经营者的协作，及时向政府主管部门反映他们的意见和要求；向政府部门提出制订行业发展规划、技术经济政策、立法及制订行业标准等方面的建议；组织有关油茶生产经营的专题调查研究、学术交流和考察活动；加强油茶生产行业单位之间、部门之间的沟通和交流，促进横向联合；搭建平台，培育油茶产品市场，加强油茶文化宣传，壮大油茶产业经济；加强与各省内外有关民间社团组织的联系，推动经济技术合作和人员来往，积极为引进先进技术、资金牵线搭桥；组织行业培训、技术咨询、信息交流、会展招商及产品宣传推介等活动，从而为全国及各地方油茶产业健康持续发展提供支撑服务。

四、消费者对油茶及其相关产品的认知与需求

茶油作为一种具有很高营养价值的油类产品，在世界享有"东方橄榄油"的美称，但是就现阶段中国市场而言，由于受收入水平和消费意识的客观影响，其受众面受到很大制约，茶油行业仍处于培育阶段。

从茶油市场供给来看，我国是油茶的原产地和主产国，全世界的油茶主要分布在我国长江流域及其以南地区。近年来，我国油茶种植面积持续扩大，茶油产量逐步提升。

市场趋势方面，随着人们对油茶了解的深入，茶油日益获得更多消费者的青睐，市场规模不断扩大，呈现出稳步增长的趋势。

五、油茶产业发展环境总体分析

目前我国油茶产业具有非常好的发展环境，主要体现在政策环境好、自然环境好、市场环境好、技术环境好、组织环境好这五个方面。

1. 政策环境好

近年来，中央财政将油茶低产低效林改造纳入支持范围。2020年，国家林业和草原局发布了《油茶产业发展指南》，15个油茶主产省区印发了省级油茶

产业发展规划,出台了油茶产业发展意见。在国家政策的扶持与鼓励下,我国油茶种植面积处于逐年增长的态势。2023年1月,国家林草局、国家发展改革委、财政部联合印发《加快油茶产业发展三年行动方案(2023—2025年)》,明确了2023年至2025年完成新增油茶种植1917万亩、改造低产林1275.9万亩,到2025年全国油茶种植面积达到9000万亩以上、茶油产能达到200万吨等一系列发展目标。

2. 自然环境好

油茶是我国特有的木本油料树种,已有2300多年的栽培和利用历史。我国有良好的自然资源发展油茶产业,有超过15个省区适宜种植油茶。

3. 市场环境好

市场趋势方面,随着经济发展水平的不断提高,人们对生活质量的要求越来越高,消费结构不断升级;茶油作为一种高级木本植物油脂产品,更健康、更符合人体的需要,符合消费升级的趋势。茶油与市场常见的橄榄油一样,同属木本食用油,都是认可度较高的"健康油""高端油"。目前茶油消费量仅占全国食用油消费量的2.6%,市场潜力巨大。

4. 技术环境好

在政策的支持下和市场的引领下,越来越多的企事业单位投入油茶产业相关的技术研发工作中,加快研制高产、高油、高抗"新一代"油茶新品种,力争在油茶产业发展优质新品种、培育技术、加工工艺、新品研发等方面取得进一步突破。

5. 组织环境好

全国各个油茶主产区纷纷成立行业协会,制定相关的产品标准,引进资源,让农户、种植企业、加工企业等单位有组织地发展。

油茶产业市场情况分析

第一节　油茶产业市场现状及分析

一、油茶种植业市场现状分析

（一）油茶种苗市场需求分析

2022年11月20日国家林业和草原局发布《2023年度全国苗木供需分析报告》指出，与2020年相比，油茶种苗市场由供应相对过剩转为供需基本平衡，但区域差别依然明显，其中华中地区可供油茶造林用种苗量基本持平，总体过剩与结构性不足依然存在，油茶树种谨慎发展。华东地区油茶苗木供需基本平衡，油茶树种可以适当发展。华南地区油茶可供造林用苗量与实际使用量均有所上升并趋于合理，总体供需呈平衡趋势，油茶树种谨慎发展。西南地区油茶苗木供需基本平衡，油茶树种可以适当发展。预计未来油茶种苗生产供应量与需求量将稳步上升。

对于油茶苗木选择，国家林业和草原局确定16个品种作为全国主推品种，65个品种作为各省（区、市）推荐品种，并首次提出了配置品种建议。16个全国油茶主推品种为：长林53号、长林40号、长林4号、华鑫、华金、华硕、湘XLC15（湘林210）、湘林1号、湘林27号、岑软3号、岑软2号、赣无2、赣兴48、赣州油1号、"义禄"香花油茶和"义臣"香花油茶。在《全国油茶主推品种和推荐品种目录》中还列出了各主推品种的特性、适宜栽植区域、造林地要求和配置品种。

（二）油茶原料市场现状分析

1. 油茶种植面积分析

根据国家统计局发布的数据，从2015年至2021年，全国油茶种植面积逐年递增，2021年达到7296万亩（见图2-1），同比增长1.69%。

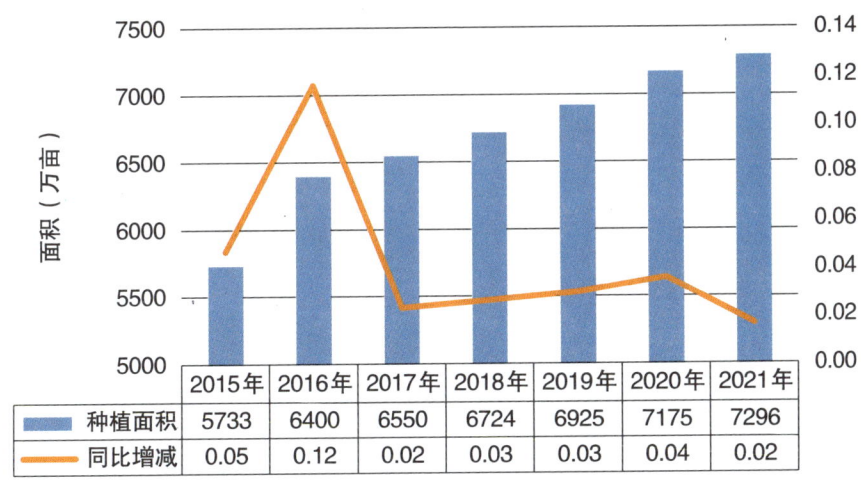

	2015年	2016年	2017年	2018年	2019年	2020年	2021年
种植面积	5733	6400	6550	6724	6925	7175	7296
同比增减	0.05	0.12	0.02	0.03	0.03	0.04	0.02

图2-1　2015—2021年全国油茶种植面积

数据来源：国家统计局

2. 油茶籽产量分析

根据国家统计局发布的数据，从2015年至2021年，全国油茶籽产量逐年递增，2021年达到394.24万吨（见图2-2），同比增长25.49%。从供给量来看，由于中国油茶籽产量不断提升，有效地缓解了原料紧缺的情况。

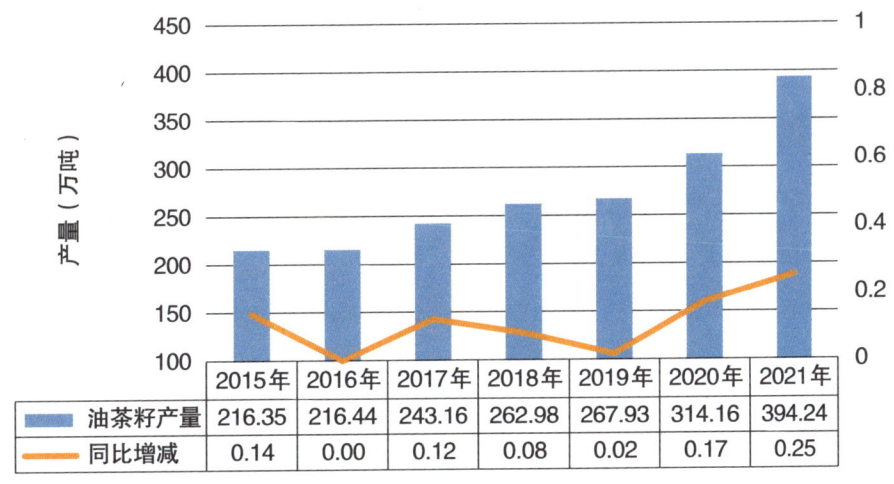

	2015年	2016年	2017年	2018年	2019年	2020年	2021年
油茶籽产量	216.35	216.44	243.16	262.98	267.93	314.16	394.24
同比增减	0.14	0.00	0.12	0.08	0.02	0.17	0.25

图2-2　2015—2021年油茶籽产量

数据来源：国家统计局

3. 油茶籽价格分析

从全国市场看，每年产出的油茶籽都被收购加工，油茶籽的需求量与供给量保持基本一致。根据新华油茶籽指数分析，从2019年12月5日至2020年4月3日，油茶籽采购报价从22000元/吨左右下滑到20000元/吨左右，从2020年8月1日至2020年10月30日，重点企业含油率25%以上的油茶籽采购报价保持在24000元/吨左右，见图2-3。

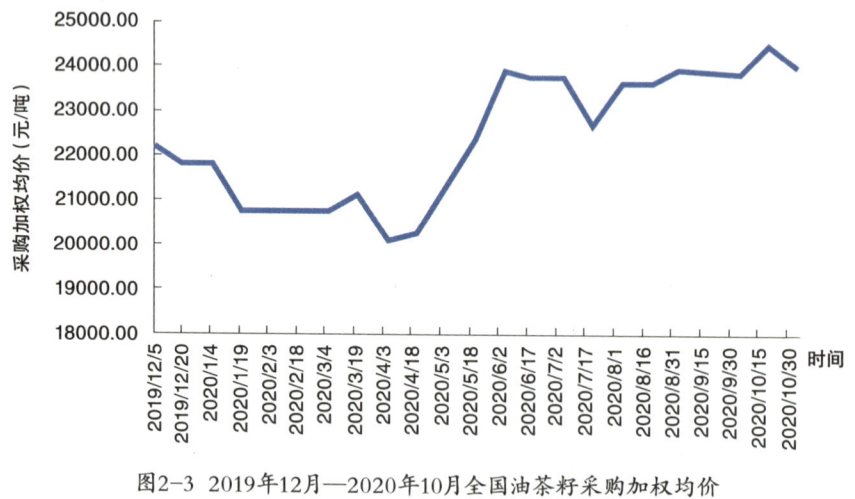

图2-3　2019年12月—2020年10月全国油茶籽采购加权均价

数据来源：新华油茶籽指数

二、油茶加工业市场现状分析

（一）茶油市场现状

1. 茶油供需变化分析

近年来，中国油茶高产高效加工机械设备不断升级，茶籽出油率不断提高，平均可达25%。根据国家林业和草原局发布的数据，油茶籽产量逐年上升，除2020年受疫情影响，中国茶油产量在72.1万吨左右，同比下降3.99%，茶油的产量整体呈现增长态势，其中2021年中国茶油产量达到100.9万吨，同比增长约40%。图2-4显示，中国茶油需求量与茶油产量走势基本保持一致，除2020年需求量下降到69.9万吨，其余年份均有增长，其中2021年中国茶油需求量达到97.1万吨，同比增长39%。根据图2-5，2015—2021年中国茶油的产销率在93%~98%之间波动，最高值为2015年的97.32%，最低值为2018年的93.38%。

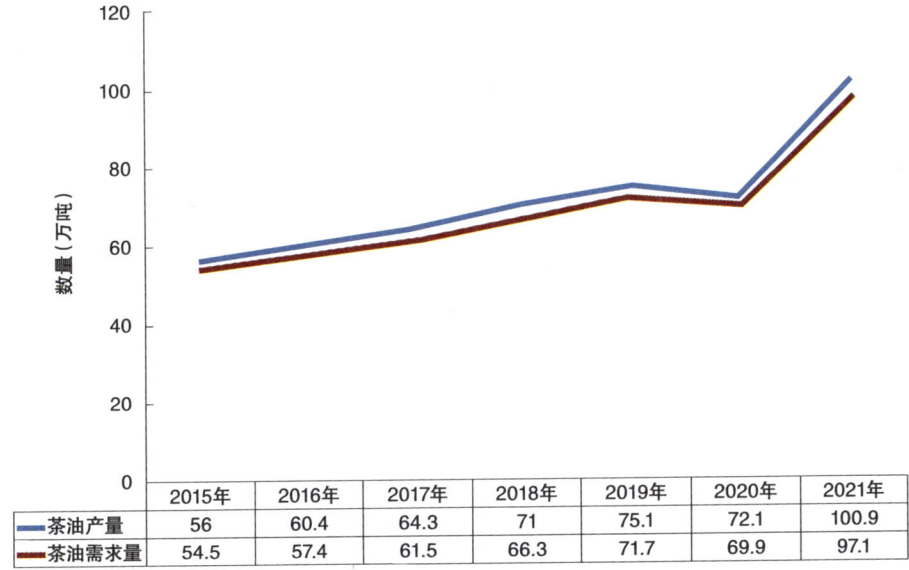

	2015年	2016年	2017年	2018年	2019年	2020年	2021年
茶油产量	56	60.4	64.3	71	75.1	72.1	100.9
茶油需求量	54.5	57.4	61.5	66.3	71.7	69.9	97.1

图2-4 2015—2021年全国茶油供需对比

数据来源：国家林业和草原局

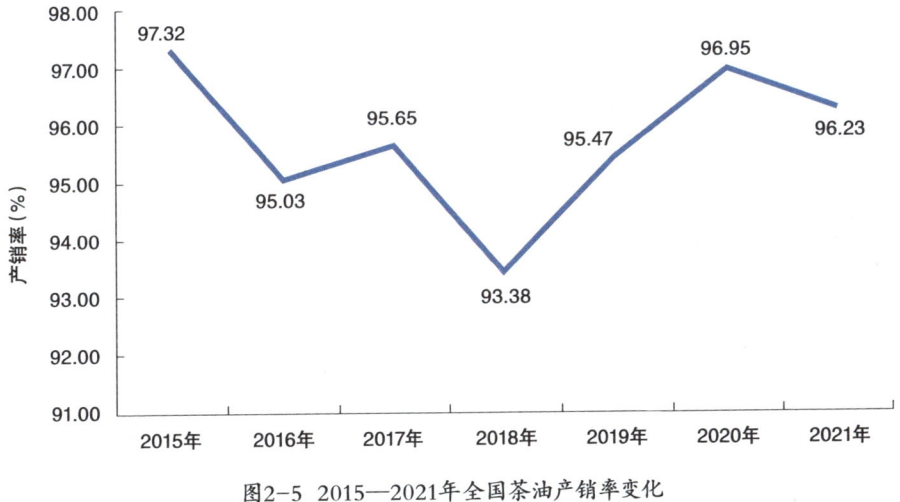

图2-5 2015—2021年全国茶油产销率变化

数据来源：国家林业和草原局

2. 茶油市场价格分析

2022年10月31日发布的新华茶油指数显示，从2019年8月20日到2022年10月20日，全国茶油市场压榨一级茶油价格主要在每吨10万元到14万元区间，最低价近8万元/吨，最高价近15.5万元/吨。江西出厂价相对较低，广西出厂价波动明显，湖南出厂价相对稳定（见图2-6）。

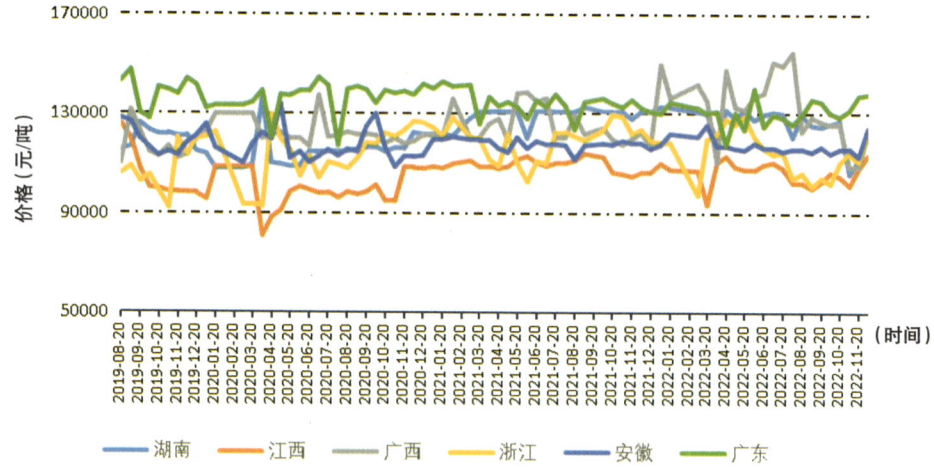

图2-6　2019年8月—2022年10月主产六省区油茶籽精炼油（压榨一级）出厂均价走势

数据来源：新华茶油指数

3. 茶油销售收入分析

图2-7显示，中国茶油销售收入除2020年同比下降了36.06万元，其余年份均有增长，其中2021年中国茶油销售收入突破1000亿元，达到1001.51亿元，同比增长15.75%，影响因素为2021年产量、产销率、加权价格的变动，其中：产量同比增长40%，产销率从96.95%下降到96.23%，全国油茶籽平均加权价格同比下降。

根据现有茶油市场规模以及发展趋势测算，结合国家林业和草原局的油茶产业规划预测，2022—2027年中国茶油市场规模将以约2.4%的增速增长，到2027年中国茶油行业市场规模将超过1250亿元。

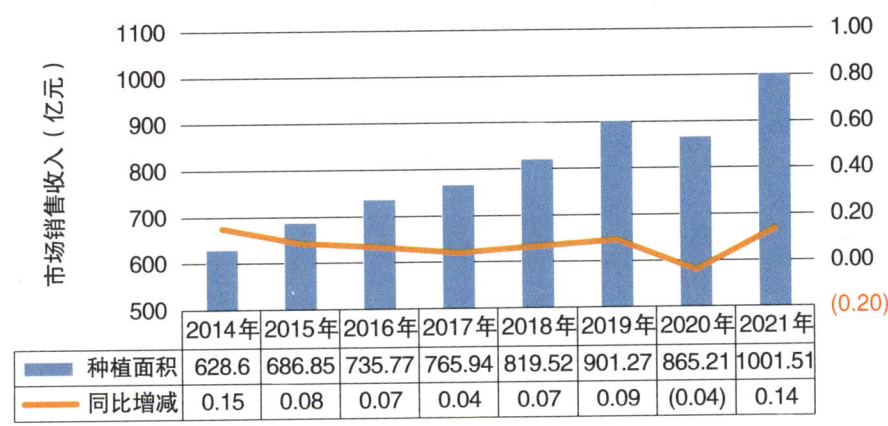

图2-7 2014—2021年中国茶油行业市场销售收入变化

数据来源：国家林业和草原局

（二）油茶副产品市场现状分析

油茶副产品含化妆品、茶油微胶囊、油茶皂素、油茶枯饼发酵饲料等。以"茶油"为关键词在门户购物网站搜索，出现的商品中，主要有"食用油""护肤按摩油""宝宝护肤""米面调味"等类别。在对粮油市场、超市、便利店等线下渠道的走访中发现油茶产品主要有茶油、护肤品。由此可见，市场流通的油茶商品中，油茶副产品结构仍较为单一。

三、油茶进出口贸易市场需求分析

中国茶油进出口规模小，在2022年前，没有单独的进出口税则号，与核桃油、腰果油、荷荷巴油等列入15159090"其他固定植物油、脂及其分离品"，2022年新增茶油子目15159040，海关有了茶油的进出口统计数据。图2-8及图2-9为对2017—2021年其他固定植物油、脂及其分离品进口情况的分析。图2-10及图2-11为对2017—2021年其他固定植物油、脂及其分离品出口情况的分析。分析显示进口数量起伏较大，而进口金额保持较大幅度持续增长，出口数量和金额持续增长。新增茶油子目进出口税则号后，2022年茶籽油及其分离品海关统计数据为出口数量35吨，出口金额150万元，进口数量0.45吨，进口金额

11万元。我国茶油市场需求一部分是国内消费量，一部分是出口量。国内消费量在茶油市场总需求量所占的比重接近100%，出口量极少。

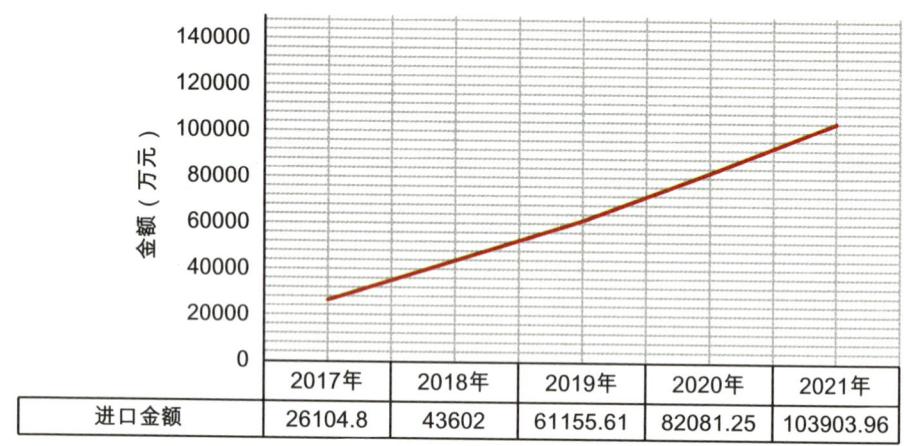

	2017年	2018年	2019年	2020年	2021年
进口金额	26104.8	43602	61155.61	82081.25	103903.96

图2-8　2017—2021年中国海关进口其他固定植物油、脂及其分离品金额统计

数据来源：中国海关

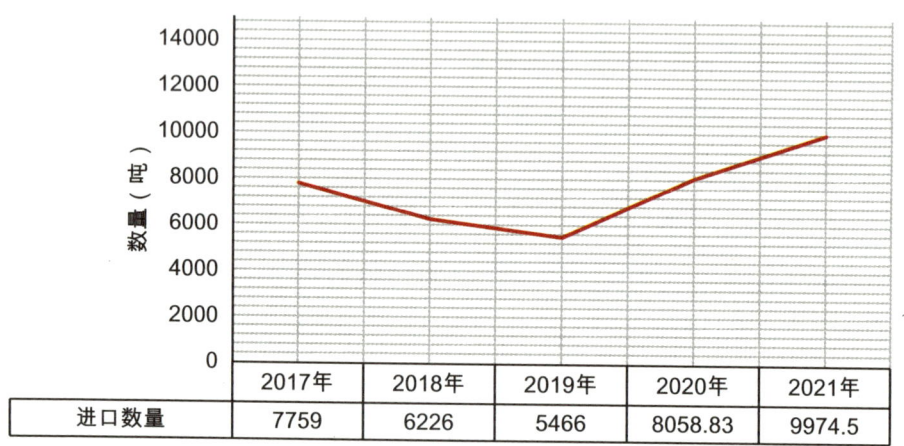

	2017年	2018年	2019年	2020年	2021年
进口数量	7759	6226	5466	8058.83	9974.5

图2-9　2017—2021年中国海关进口其他固定植物油、脂及其分离品数量统计

数据来源：中国海关

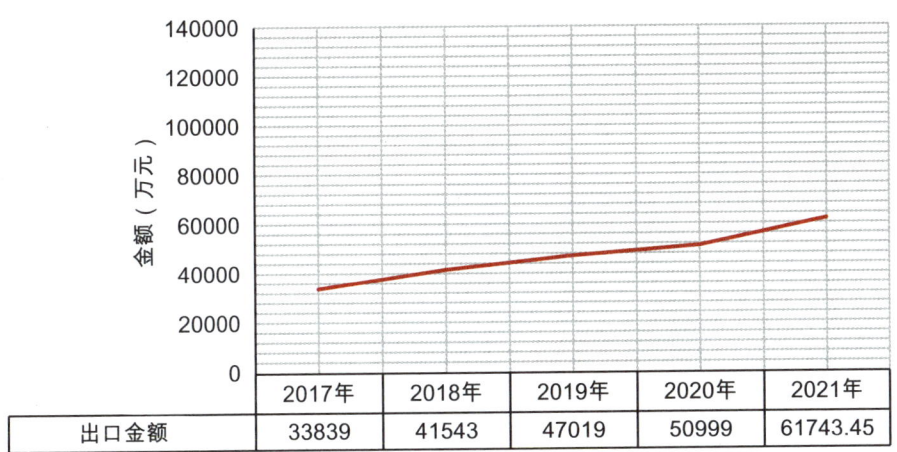

	2017年	2018年	2019年	2020年	2021年
出口金额	33839	41543	47019	50999	61743.45

图2-10 2017—2021年中国海关出口其他固定植物油、脂及其分离品金额统计

数据来源：中国海关

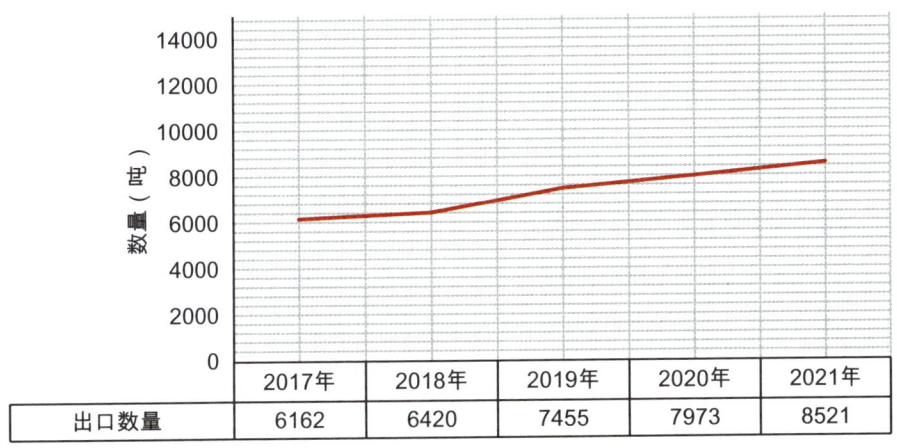

	2017年	2018年	2019年	2020年	2021年
出口数量	6162	6420	7455	7973	8521

图2-11 2017—2021年中国海关出口其他固定植物油、脂及其分离品数量统计

数据来源：中国海关

四、新型销售及消费情况

现阶段，茶油的零售渠道可分为线上渠道和线下渠道两类。如图2-12所示，线上渠道并非茶油产品零售的主要渠道，销售额占比10%。线下渠道是茶

油产品零售的主要渠道，销售额占比90%。中国茶油产品线下零售渠道包含超市、食品批发市场、便利店、礼品公司等。渠道贡献占比如下图所示。

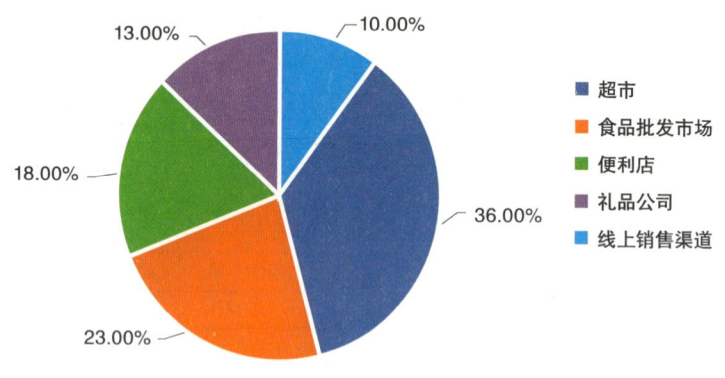

图2-12　中国茶油销售渠道贡献占比

数据来源：调查统计

第二节　油茶产业主要经营模式分析

综合油茶种苗、茶油、油茶副产品的经营模式，油茶产业主要有五种经营模式："公司+基地""公司+基地+农户""专业合作社""专业种植大户型""个体家庭"。

"公司+基地"经营模式：在公司拥有自主经营权的油茶原料基地附近建设加工厂，形成育苗、种植、加工的一体化基地。这种经营模式对企业的资金条件、储藏条件、生产技术等有较高要求，能有效降低管理和运输成本，但需要考虑长租期对农民租金收入的影响。

"公司+基地+农户"经营模式：实行土地入股、兜底分红，即公司负责投资、农民以土地入股。

"专业合作社"经营模式：在集体林木和林地由家庭承包经营的基础上，油茶的生产经营者在自愿的前提下联合起来进行民主管理的经济组织，即为油茶专业合作社。以合作社为单位，在促进生产、进行有效管理和成品销售等方面做到统一，收益按照协议约定和所占股份来分配。

"专业种植大户型"经营模式：油茶种植者将自己手中的闲置资金投入其中，这种模式需要种植者有资金实力，且具备相关种植管理、营销和组织管理能力，对市场信息变化的敏感度较高。

"个体家庭"经营模式：这种油茶经营模式较为松散，主要是农民在自留地自发栽种油茶和管理，待油茶果实成熟后榨取毛油出售，或是自行出售油茶果。其特点是以家庭为单位，种植面积小、呈块状分布，对油茶的种植和销售自负盈亏。

第三节　油茶产业竞争结构分析

一、现有企业间竞争

（一）油茶单一产品企业间竞争

油茶单一产品企业的特点是专注于油茶加工，可以将所有资源都投入茶油的研究和生产中。其优势是产品生产的技术水平比较高，可以实现高质量、高效率的生产，产品特性细化，能够更好地满足客户的需求，产品的开发和销售成本也较低，投资回报率高。缺点是企业发展空间有限，经营单一产品，容易受到市场环境变化的影响，收入不稳定。

目前，中国食用茶油生产企业间的竞争非常激烈。中国食用茶油市场规模一直是世界上最大的，但近年来也出现了竞争激烈的局面。由于新进入市场的企业众多，行业竞争水平越来越高，原有的企业要想维持自己的份额，往往需要加强技术研发，提高产品质量，同时保持价格竞争力，这也加剧了企业间竞争的激烈程度。

竞争情况主要有以下两个方面：一是质量竞争，具体表现为各家企业在技术水平、投资水平和经营管理等方面的竞争；二是价格竞争，具体表现为各家企业在货源、成本控制、促销等方面的竞争。此外，中国茶油产品还受到国内市场饱和和外贸形势不稳定等因素的影响，存在一定程度的不公平竞争，各家企业在资源分配上也存在一定的差距。

1. 茶油生产企业的地理分布

我国油茶主产区集中分布在湖南、江西、广西、浙江、福建、广东、湖北、贵州、安徽、云南、重庆、河南、四川、陕西和海南等15个省（区、市）的642个县（市、区）。

目前，油茶加工业已形成一定规模，也具备了一定基础。但从现阶段茶油行业的市场竞争情况来看，整个茶油行业还处于不成熟的状态，随着大量企业进入，茶油行业市场竞争将日趋激烈。

2. 主要品牌茶油产量较为可观

截至2021年，全国已经有茶油加工企业超过2990家，油茶专业合作社5400个，带动173万贫困人口通过油茶产业脱贫增收。从我国茶油新注册企业数来看，2021年，我国茶油行业相关企业注册量为1274家，较上年减少902家。

从主要企业茶油年产量来看，野岭、润心、金浩、得尔乐、贵太太以及老知青茶油年产量均达千吨以上，产量较为可观。2021年，我国茶油市场销售收入超1000亿元，同比增长15.75%。

3. 茶油行业竞争日趋激烈

从议价能力来看，茶油行业对上游种植业议价能力较强，但随着茶油行业企业增多，原材料收购竞争加剧，茶油行业对上游种植业议价能力将逐渐下降。茶油作为高档食用植物油，市场价格较高，目标顾客群主要是食用油市场的高端消费者，市场规模较小。

从市场竞争来看，现阶段的茶油市场竞争并不充分，食用油产品市场仍然属于众多调和油和其他压榨油品牌的天下，茶油品牌更多处于对消费者进行培育的阶段，众多茶油品牌都在寻找产品价值实现的合适路径。

从潜在进入者威胁来看，我国茶油行业进入门槛较低，并且存在标准不完善、监管不严等问题，每一年都有大量企业进入该行业，使得竞争日趋激烈。

从替代品威胁来看，就茶油行业而言，其替代品主要是花生油、豆油、菜籽油、橄榄油等，茶油在食用油中占据很小的份额。当前，茶油的销售价格比豆油、菜籽油和花生油等日常食用油高出了5~6倍，限制了一般消费阶层对茶油的消费。整体来看，茶油行业受替代品威胁较大。

（二）油茶生产企业间竞争

油茶产品兼具型企业的特点是多元化，企业可以将资源投入多种植物油或相关产品的研究和生产中，从而实现质量的提高。其优势是产品结构多样化，可以适应市场环境的变化，企业发展空间更大，拥有更多的收入来源。缺点是企业的技术水平可能没有单一产品企业高，会花费更多的成本去研发不同的产品，生产成本也会更高，市场竞争也会更加激烈。

目前，中国茶油市场存在很大的竞争，其中，跨国企业积极研发新技术、新产品和新工艺，从而在市场中赢得了更大的份额。与此同时，地方企业也加快向现代化企业转型，改进生产工艺，提高品质，以赢得市场份额。

预测未来茶油生产行业的发展趋势，将会是技术创新和产品质量的双重提升。随着消费者对茶油品质的要求越来越高，企业将不断加大新技术和新产品的研发，并在产品质量方面不断改进，以满足消费者对山茶油品质的要求。

二、潜在进入者分析

（一）食用油加工企业的潜在进入

我国茶油行业进入壁垒主要为：

1. 原料壁垒

原料成本占茶油加工总成本的85%以上，但当前企业投资大部分集中在茶油加工及销售环节，虽然毛利水平较高，但油茶籽供应短缺会给企业带来较大经营风险。

2. 技术壁垒

当前茶油行业产品同质化严重，导致企业产品竞争力不突出，因此需要加大科技投入，不断创新工艺，提高产品质量，开发丰富产品体系，提高副产品利用机制，通过产品差异化提高竞争力。

3. 资金壁垒

多年来，国内投入大量资金发展茶油产业，尽管取得了一定成效，但茶油产业进入壁垒依然较高，如原料的成本占比达85%以上，给企业带来经营风险，以及为了保证原料稳定供给、品牌和市场推广、科技创新，企业需要拥有雄厚的资金实力。在当前资本大量进入农业的热潮中，企业可突出模式特点和优势以吸引资金和先进的管理团队，从根本上增强竞争力。

4. 品牌壁垒

目前，我国食用植物油市场品牌较多，新进企业难以在较短时间内建立起具有一定知名度的品牌。建立和维护茶油品牌需要较强的产品研发体系、严格的产品质量控制体系、准确的品牌市场定位和相当的广告费用投入，这给新进入本行业者设立了较高的壁垒。

茶油相关政策及市场前景对食用油加工企业具有吸引力。

2023年1月，国家林业和草原局、国家发展和改革委员会、财政部联合印发《加快油茶产业发展三年行动方案（2023—2025年）》，明确要求油茶产业要以习近平新时代中国特色社会主义思想为指导，深入贯彻习近平生态文明思想，牢固树立绿水青山就是金山银山理念，充分发挥油茶产业在增加农民收入、巩固脱贫攻坚成果、促进乡村振兴中的重要作用。2023—2025年完成新增油茶种植1917万亩，改造低产油茶林1275.9万亩，建设200个油茶生产重点县，新增高标准油茶林3000万亩。确保到2025年全国油茶种植面积达到9000万亩以上，高标准油茶林面积达到4000万亩左右，茶油产能达到200万吨。

茶油加工行业还处于不成熟阶段，我国的油茶加工以小型加工企业为主，未来潜在的竞争情况将会令人担忧。首先，小型茶油生产商加工水平较低，缺乏技术创新，产品质量不高，竞争力较差；其次，小型企业缺乏有效的市场推广策略，消费者对于油茶的认知仍不足，相关品牌产品的影响力较弱。此外，部分企业仍然存在技术上的缺陷，限制了行业的发展。

在我国，大型食用油企业及食品加工企业进入山茶油生产行业的可能性相对较大。首先,中国的山茶油市场具有很大的消费潜力,因此企业可以看到较大的商业机遇。其次,中国的食用油企业在生产技术上已经有较高的水平,也可以很好地应用到山茶油生产中。此外,我国政府也鼓励和支持食用油企业进入山茶油行业,并提供一定的政策支持。因此,中国食用油企业进入山茶油生产行业的可能性是相当大的。

(二)油茶副产物加工企业的潜在进入

依据价值链原理,以龙头企业为主体作为参照,可以把茶油产业链分为三个板块:茶籽原料供应—茶油加工—商品转化。茶油产业链由茶林种植到茶油消费整个环节构成了价值链,由产业链上下游各关联企业实体构成了企业链。

油茶副产物加工主要包括油茶壳处理及茶粕的处理利用。油茶壳包括油茶果壳和油茶籽壳两部分。油茶果壳也叫茶蒲。油茶果壳和油茶籽壳含有大量的木质素、半纤维素和纤维素等,在工业上有广泛的用途,可以用来制糠醛、木糖醇、活性炭等。榨油后的茶粕可以用于鱼塘清塘消毒,防治鱼病等。萃取后的茶粕可以进一步地提取皂素,提取皂素后的残渣可用作饲料或肥料。

油茶副产物加工企业进入茶油加工行业的技术门槛主要包括原料质量控制及采收、山茶油精制工艺等方面。油茶副产物加工企业添置茶油生产板块的成本主要包括原料成本、机器设备成本、人工成本、仓储成本以及财务费用等。收益的预期取决于企业的市场把控能力以及技术加工水平。

三、替代品分析

(一)不同植物油的营养特点及相互替代潜力分析

分析不同食用植物油的营养特点及它们替代茶油的可能性,可以从脂肪酸组成及热氧化稳定性方面进行比较。

1.脂肪酸组成

植物油的脂肪酸组成不尽相同,例如,茶油、橄榄油主要含有油酸和亚油酸,葵花籽油主要含有油酸、亚油酸和亚麻酸,芝麻油主要含有油酸、亚油酸和棕榈酸,花生油主要含有油酸、亚油酸。

2. 热氧化稳定性

植物油的热氧化稳定性也可能不同，例如葵花籽油的热氧化稳定性要比橄榄油的热氧化稳定性高，而茶油的热氧化稳定性与橄榄油相似。

以上特点决定了茶油与其他植物油相互替代的可能性，如果追求营养特性和安全性，可以考虑选择茶油替代葵花籽油、橄榄油等。

茶油在食用植物油中属于高端产品，与同属高端植物油产品的橄榄油消费占比相近。茶油相较橄榄油有一定的价格优势，因此茶油对橄榄油的替代性较大。

（二）不同植物油的市场格局分析

不同食用植物油的市场格局，可以从供求总量、市场活跃程度、产品分类及市场占比等几个方面来分析。

从供求总量看，我国植物油总消费量较大，消费增长迅速，消费结构复杂，主要依靠进口以补充国内不足。同时，从产量来看，大豆油和花生油是我国食用植物油的主要油种。

从市场活跃程度看，植物油市场活跃度较高，市场价格多受供求变化影响，走势较为不稳定，调价变动较大，供应商比较分散，市场竞争激烈。

从产品分类及市场占比看，中国食用植物油市场以大豆油、花生油、菜籽油、橄榄油等为主。目前茶油消费量还不到全国食用油消费量的3%。

（三）不同植物油的适用人群分析

植物油没有优劣之分，只是不同植物油中含有不同类型的脂肪酸，因此适用于不同人群。植物油的主体成分是甘油三酯，构成甘油三酯的脂肪酸有三种类型，分别是饱和脂肪酸、单不饱和脂肪酸和多不饱和脂肪酸，它们的区别在于脂肪酸分子的碳碳双键的数目不同。常见食用油的主要脂肪酸含量见表2-1。

表2-1　常见食用油的主要脂肪酸含量[①]

(%)

项目	茶油	橄榄油	花生油	大豆油	菜籽油	玉米油
棕榈酸	8.03~11.73	7.5~20.0	8.0~14.0	8.0~14.0	1.5~6.0	8.6~16.5
硬脂酸	1.05~1.83	0.5~5.0	1.0~4.5	2.5~5.4	0.5~3.1	0.0~3.3
油酸	75.03~86.91	55.0~83.0	35.0~67.0	17.7~28.0	8.0~60.0	20.0~42.2
亚油酸	8.05~10.50	2.5~21.0	13.0~43.0	49.8~59.0	11.0~23.0	34.0~65.6
亚麻酸	0.51~0.87	≤1.0	0.0~0.3	5.0~11.0	5.0~13.0	0.0~2.0

饱和脂肪酸摄入过量容易导致低密度脂蛋白胆固醇、血胆固醇、甘油三酯的升高，继而有可能引发系列代谢综合征，比如脂肪肝、心脑血管疾病等，因此不宜过多摄入。例如棕榈油含有大量的饱和脂肪酸，而饱和脂肪酸的化学性质比较稳定，长时间加热不会导致过多的氧化聚合反应产生，且饱和脂肪酸含量高的油脂起酥性比较好，所以这些油脂往往会被用在食品的煎炸过程中。

单不饱和脂肪酸有助于降低人体血清总胆固醇和低密度脂蛋白胆固醇含量。从这个角度来看，含有越多的单不饱和脂肪酸，油脂的营养价值越高。在植物油中，单不饱和脂肪酸主要成分是油酸。橄榄油、茶油、菜籽油、花生油这几种油的单不饱和脂肪酸含量较高，若膳食中缺乏单不饱和脂肪酸，以上几种油可以优先考虑。这些油脂耐热性较好，不容易凝固，适用于炒菜、炖菜。

多不饱和脂肪酸越多，越容易发生氧化聚合，意味着油脂越不耐热。油脂中的多不饱和脂肪酸主要是亚油酸和α-亚麻酸两种。这两种类型的多不饱和脂肪酸皆属于必需脂肪酸，在人体中无法合成，只能靠食物摄入。ω-3型能降血压、降血脂、预防心脑血管疾病、增智、抗炎等，而ω-6型则能加速组织修护、增强免疫力、促进血液凝结等。多不饱和脂肪酸含量较高的油脂适用于凉拌、调香。

---

① 王瑞元：《植物油料加工产业学》，化学工业出版社2009年版，第288—332页。

（四）植物油创新替代品分析

目前，植物油的替代品主要为动物油脂和微生物油脂。

1. 动物油脂

大部分动物油的脂肪酸组成主要为饱和脂肪酸，例如猪油、羊油、牛油等。这类油脂会有令人食欲大开的肉类鲜香和极高热量，能够促进人体对脂溶性维生素A、D、E、K等营养物质的吸收，但也有弊端，食用过多可能会造成肥胖或引发心脑血管问题。部分患病人员要严格控制摄入量，甚至不能食用这类动物油。

但是海洋生物，在高压缺氧环境下生存，和常压有氧环境中的生物体内结构存在差异，体内含有二十碳五烯酸（EPA）和二十二碳六烯酸（DHA）。ω-3 PUFA和ω-6 PUFA通过合成类二十碳酸和二十二碳酸发挥生物作用，组成细胞膜磷脂。这两种脂肪酸是人体不能合成和植物油没有的，却对人体非常重要。美国国家医学院推荐ω-3 中最主要的三种脂肪酸EPA和DHA的总摄入量每日为160毫克，调查表明，我国居民的总摄入量每日17.6毫克。目前，鱼油的产区主要分布于北海道渔场、纽芬兰渔场、北海渔场、秘鲁渔场附近。除了海洋鱼类，另外一种海洋动物油脂来源是南极磷虾。

随着生活水平的提高，消费者饮食中的ω-3脂肪酸与ω-6脂肪酸比例出现了极大的不均衡。研究发现，长期缺乏ω-3脂肪酸易导致遗传性肥胖、机体代谢紊乱，进而影响人体健康。ALA（α-亚麻酸）可从部分植物油中获得，DHA和EPA主要来源于鱼油和微生物油脂。

2. 微生物油脂

微生物油脂，是指由霉菌、酵母菌、细菌和藻类等产油微生物在一定的培养条件下，利用碳源、氮源等在菌体内大量合成并积累的甘油三酯、游离脂肪酸类以及其他脂质。

经过筛选和培育的微生物能产出富含α-亚麻酸（ALA）、γ-亚麻酸（GLA）、花生四烯酸（ARA）、二十碳五烯酸和二十二碳六烯酸等的功能性油脂。这些功能性油脂，大多是人体必需而又无法自身合成的。ALA、DHA、EPA

等ω−3脂肪酸作为人体重要的生物活性物质,能有效促进人体生长发育,具有预防糖尿病、心脑血管疾病,抗癌、抗炎、降血脂,增强机体免疫力等重要的生理功能。

鱼油成本高,易受污染,品质不稳定,产量难以满足全球需求。随着全球人口增长、健康意识的提高,功能性油脂缺乏的问题更加突出,微生物油脂的优势将日益凸显。

四、供应商议价能力分析

随着国家对油茶行业的重视程度逐渐加强,油茶种植作为油茶产业链的根源和基础,在政策利好以及油茶籽和茶油市场需求攀升的形势下,种植面积呈平稳上升趋势。

由于油茶的生产具有其独特性,在土壤、气候适宜的条件下,栽后3~4年即开花结果,实生15年进入盛果期,嫁接5~6年进入盛果期,可连续结果70~80年。在条件优越的地方,树龄150年以上的油茶树仍结果累累。但油茶树在未进入盛果期的前6~10年种植期里仅能产出极少量茶果,因此油茶籽的产量相对其他油料而言较少,2021年我国油茶籽产量为394.24万吨。

由于油茶籽产量也会在年度间呈现高低交替的规律,油茶籽价格也会随着油茶果产量的波动而波动。同时,由于油茶种植以较为分散的粗放经营状态为主,许多油茶企业抵御原料价格波动风险的能力较弱,因此,油茶籽供应商议价能力较强。

第四节　油茶产业集中度分析

一、油茶生产集中度分析

(一)中国油茶种植面积

2022年,我国油茶种植面积约7084.5万亩,分布范围覆盖湖南、江西、广西等15个省份近800个县，其中，种植面积在10万亩以上的县有200个左右。全国茶油产量约100万吨，已成为我国消费量前十位的油种之一。

按照规划，"十四五"期间，我国将新增油茶种植面积2300万亩，改造低产低效林2000万亩，全国油茶种植面积力争超过9000万亩，茶油产能达到200万吨，茶油占国内食用油消费的比例由2%提高到5%左右，成为增强国内食用油生产保障能力、丰富食用油品种的重要支撑。

（二）中国茶油行业经济社会环境分析

人均国民收入这一指标能大体反映一国的经济发展水平。2021年中国居民人均可支配收入35128元，同比增长9.1%。分城乡看，2021年中国城镇居民人均可支配收入47412元，增长8.2%，扣除价格因素，实际增长7.1%；农村居民人均可支配收入18931元，增长10.5%，扣除价格因素，实际增长9.7%。经济水平的不断提升、居民对自身健康的关注度提高、消费能力上升等因素，为高端食用油市场发展提供契机。

我国食用油一直处在吃得多产得少、"供不应求"的状态。2021年，我国植物油脂消费总量为4254.5万吨，其中食用油占3708万吨（豆油44%，菜籽油22%，棕榈油12%，花生油9%，其他油脂13%），工业及其他用油546.5万吨，其中饲料工业用量约400万吨。海关数据显示：2021年，中国食用植物油进口数量为1131.5万吨，食用植物油出口数量为12.1万吨。2021年中国食用植物油进口金额为115.7亿美元，食用植物油出口金额为2亿美元，贸易逆差达113.7亿美元。

（三）茶油产业集中度分析

1. 中国茶油产量及主要产区品牌

我国茶油产品主要分为三大类，分别是压榨油、浸出油及调和油。其中压榨油的营养价值最高，但其出油率较低，产品价格高，市场占有率较低。而调和油和浸出油生产工艺相对简单、成本较低，市场占有率较高。

如图2-13所示，2018年中国茶油产量71.0万吨，同比增长10.4%。2019年中国茶油产量75.1万吨，同比增长5.8%。2020年受新冠疫情的影响，茶油产量72.1万吨，同比下降近4.0%。2021年中国茶油产量952万吨，同比增长39.9%。

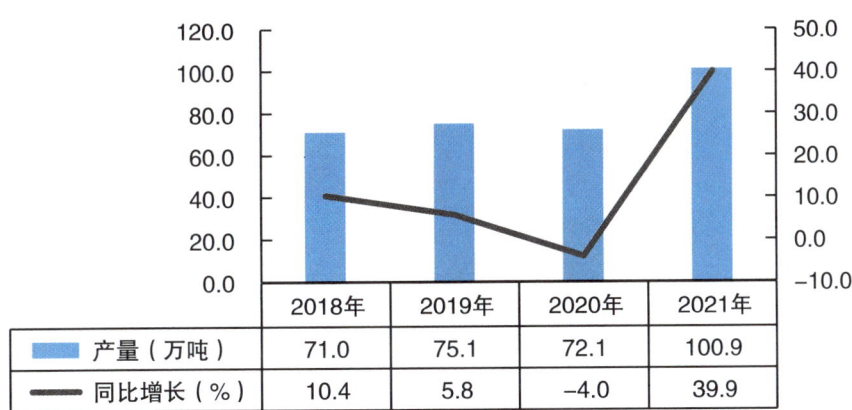

	2018年	2019年	2020年	2021年
产量（万吨）	71.0	75.1	72.1	100.9
同比增长（%）	10.4	5.8	−4.0	39.9

图2-13　2018—2021年中国茶油产量

资料来源：国家林业和草原局

　　茶油已成为我国消费量前十位的油种之一。国家林业和草原局印发的《林草产业发展规划（2021—2025年）》指出，到2025年，木本食用油年产量达250万吨。其中，茶油年产量达200万吨。

　　从茶油产量分布情况看，中国茶油产量主要集中在湖南、江西、广西、湖北、广东、福建、安徽、浙江和贵州等地。

　　如图2-14、图2-15所示，2021年，湖南省茶油产量36.6万吨，占全国茶油产量的36.3%，居全国第一。江西省茶油产量29.2万吨，占全国茶油产量的28.9%，居全国第二。广西壮族自治区茶油产量9.0万吨，占全国茶油产量的8.9%，居全国第三。

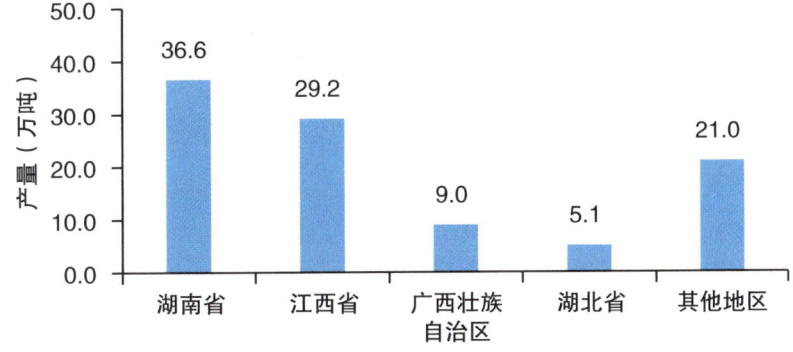

图2-14　2021年中国主要茶油产区茶油产量

资料来源：国家林业和草原局

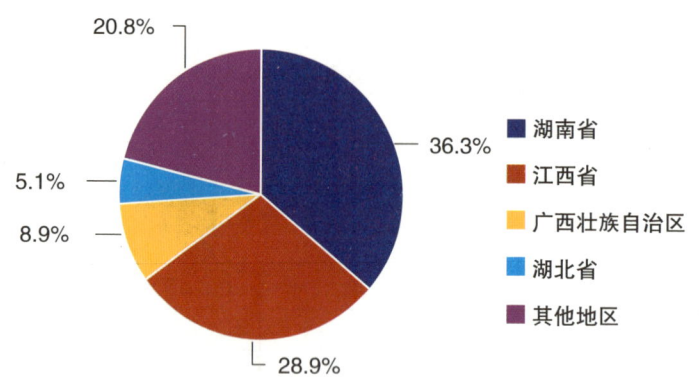

图2-15　2021年中国主要茶油产区茶油产量占比

资料来源：根据相关数据计算整理

中国茶油主要产区品牌情况如表2-2所示。

表2-2　2021年中国茶油主要产区茶油品牌

产区	主要茶油品牌
湖南省	神农国油、茶乡物语、山润、中富、瑞柏、金浩、美津园、金健、嘉津、天子山、大三湘、山润山茶油、贵太太
江西省	源森、恩泉、绿海、润心、新田岸、天玉、友尼宝
广西壮族自治区	义禄、义丹
广东省	广垦茶油、心香一瓣、恒百年、宝华农科25°、纯五季山茶油、云度、绿油、佰佳惠、本草高凉
湖北省	人人爱、四季春、黄袍山

数据来源：根据相关资料整理

2. 中国茶油企业分布及主要企业产能统计

茶油的高品质、高功效得到了市场的广泛认可，企业及专业合作组织参与油茶产业发展的积极性高涨。

我国茶油企业主要分布于湖南省、江西省、福建省、广西壮族自治区、广东省、贵州省等地区。如表2-3所示，湖南省茶油企业数量3190家，占全国茶油企业总数量的21.82%。江西省茶油企业数量2155家，占全国茶油企业总数量的14.74%。福建省茶油企业数量1291家，占全国茶油企业总数量的8.83%。

表2-3　2021年中国茶油生产企业分布

省份	企业数量（家）	占比（%）
湖南	3190	21.82
江西	2155	14.74
福建	1291	8.83
广西	1230	8.41
广东	934	6.39
贵州	864	5.91
河南	850	5.82
安徽	733	5.01
湖北	551	3.77
浙江	502	3.43
其他	2317	15.85

资料来源：根据相关资料整理

2021年中国茶油主要生产企业及产能情况如表2-4所示。

表2-4　2021年中国茶油主要生产企业及产能

企业名称	产能（吨/年）
湖南山润油茶科技发展有限公司	12500
湖南大三湘茶油股份有限公司	9000
湖南贵太太茶油科技股份有限公司	6000
浙江久晟油茶科技有限公司	5500
湖南新金浩茶油股份有限公司	5000
江西润心科技股份有限公司	5000
湖南神农国油生态农业发展有限公司	3000
江西友尼宝农业科技股份有限公司	3000
老知青集团有限公司	2000
玉山县大成仓食品有限公司	1500
红安县将军红山茶油有限公司	1500

数据来源：根据中国林业产业联合会相关数据计算整理（统计产品为精炼茶油，此为大概数值）

3. 中国茶油产业市场情况

中国茶油产量占全球95%以上。从我国茶油市场需求构成来看，茶油的市场需求由两部分组成，一部分是国内消费量，一部分是出口量。国内消费量在茶油市场所占的比重接近100%，茶油出口量极少。其主要原因，一方面，我国茶油产量虽然逐年增加，但也只能满足国内市场需求；另一方面在国际上，现阶段橄榄油占据了木本食用油市场，茶油还未被广大消费者认识，竞争力不足。但是，随着国际市场对茶油优质特性认识的逐渐深入，国外企业从中国进口茶油将成为一种趋势。国际市场对我国茶油的潜在需求很大。

4. 中国市场茶油技术专利情况

从"茶油"专利申请情况看，2021年我国"茶油"专利申请数量为717件，较2020年申请的1089件，减少了372件，见图2-16。我国"茶油"专利主要分布于湖南、安徽、江西、广东、浙江、广西、福建和贵州等地区，如图2-17所示。目前，湖南"茶油"专利技术申请数量1748件，占全国"茶油"专利数量的17.9%，申请数量居全国第一。安徽省"茶油"专利技术申请数量1364件，占全国"茶油"专利数量的13.97%，申请数量位居全国第二。江西省"茶油"专利技术申请数量975件，占全国"茶油"专利数量的9.99%，申请数量位居全国第三。

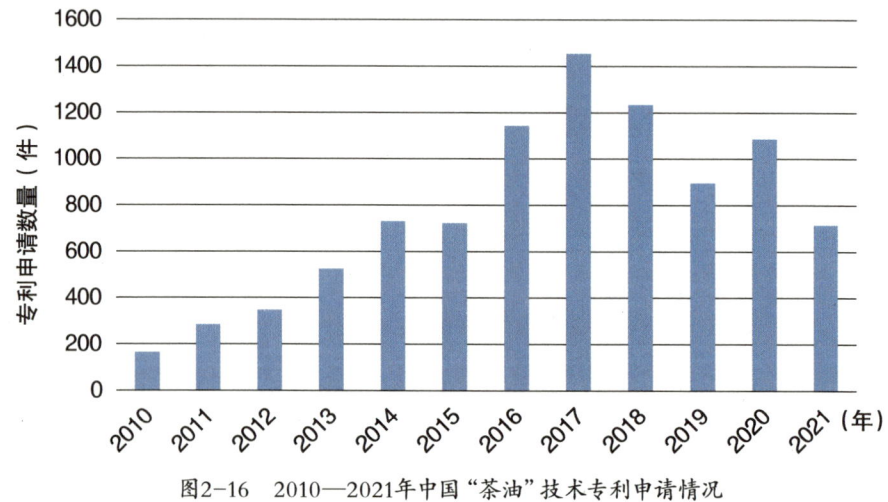

图2-16　2010—2021年中国"茶油"技术专利申请情况

资料来源：佰腾网、智研咨询整理

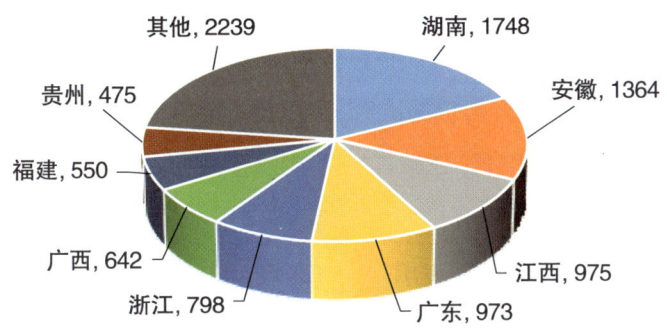

图2-17 我国"茶油"专利技术区域分布情况

资料来源：佰腾网、智研咨询整理

（四）油茶副产物加工集中度分析

我国茶油加工小作坊较多，规模小，大多停留在初级加工阶段，精深加工能力低，油茶饼粕、茶壳、油茶花等副产物未得到充分利用，产品单一，综合效益不高。

绝大部分企业主要产品为食用油，少量为化妆品用油。少量企业以油茶饼粕生产低价茶皂素。油茶副产品加工利用水平需进一步提升，其他精深加工产品极少，利润极低。中国油茶副产物加工企业注册资本分布情况如图2-18所示。

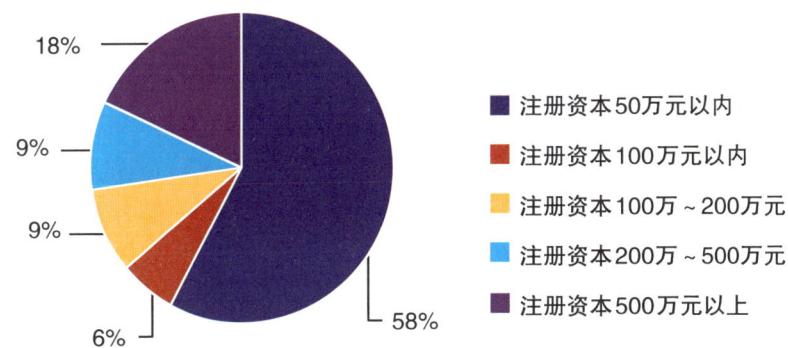

图2-18 中国油茶副产物加工企业注册资本分布

资料来源：根据相关数据计算整理

1. 油茶饼粕市场及集中度

油茶饼粕又称茶籽粕，为油茶籽榨油后或浸出后所剩下的渣，其中含有丰富的茶皂素，其用途主要为鱼塘清塘、稻田及高档草坪的杀虫。另外，油茶饼粕作为一种绿色药物，能自行分解且无毒性残存，对人体无影响，使用安全。同时油茶饼粕也是一种高效有机肥，目前广泛应用在农作物及果树栽种方面。

如图2-19所示，2018年中国茶籽粕产量184.6万吨，同比增长9.7%；2019年中国茶籽粕产量196.0万吨，同比增长6.2%；2020年我国茶籽粕产量200.2万吨，同比增长2.1%；2021年我国茶籽粕产量269.3万吨，同比增长34.5%。

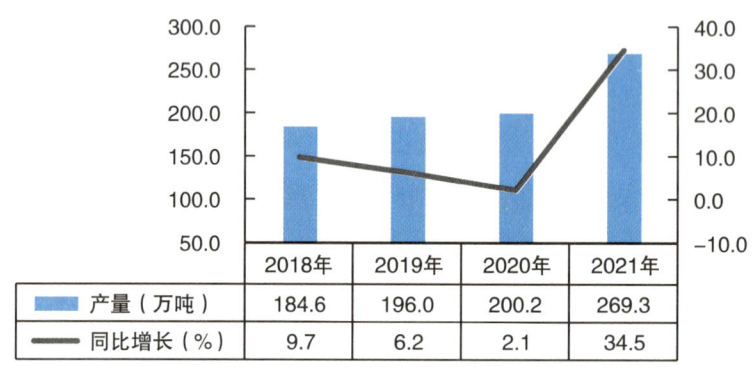

	2018年	2019年	2020年	2021年
产量（万吨）	184.6	196.0	200.2	269.3
同比增长（%）	9.7	6.2	2.1	34.5

图2-19 2018—2021年中国茶籽粕产量

资料来源：国家林业和草原局

2021年中国茶籽粕主要生产企业及产量统计见表2-5。

表2-5 2021年中国茶籽粕主要生产企业及产量

企业名称	产量（万吨/年）
湖南山润油茶科技发展有限公司	2.00
湖南大三湘茶油股份有限公司	1.80
湖南贵太太茶油科技股份有限公司	0.65
浙江久晟油茶科技有限公司	0.50
湖南新金浩茶油股份有限公司	0.45
江西润心科技股份有限公司	0.33
湖南神农国油生态农业发展有限公司	0.30
江西友尼宝农业科技股份有限公司	0.25
红安县将军红山茶油有限公司	0.20

数据来源：根据中国林业产业联合会相关数据计算整理（此为大概数值）

2. 茶皂素市场分析

油茶饼粕中的茶皂素是一种五环三萜类皂苷,不仅具有天然优良的表面活性作用,还有杀灭细菌、杀灭害虫、抑制细菌、消炎等作用,故而被广泛地应用于农药、建材、化工等方面。中国茶皂素年产量2万吨左右,主要生产地区包括湖南、江西及浙江等地。

目前提取的茶皂素普遍存在许多问题,高品质的茶皂素提取技术还没有得到大规模开发,在应用上也缺乏足够的基础理论研究。今后可以在现有的研究基础上,通过优化缩短工艺流程或是采用其他萃取技术提取茶皂素,如采用离子液体来萃取茶皂素等,还可以对现有的纯化技术进行改进,将实验室取得的成果运用到工业中,实现新型、快速、高效等提取目标。同时也要开发茶皂素在其他行业的应用,实现油茶饼粕资源最大化利用。

二、油茶销售市场集中度分析

(一)茶油销售市场集中度分析

1. 2018—2021 年中国茶油销量及区域占比

目前我国茶油行业还处于不成熟阶段。2021年,我国人均茶油年消费量仅为0.68千克,远低于发达国家年人均20千克橄榄油的消费水平。从市场占比看,我国食用油的消费结构还不合理。2021年,中国整体食用油年消费量约3708万吨,其中大豆油年消费量1620万吨,占比达到44%;茶油年消费量95.2万吨,仅占食用油市场的2.6%。

如图2-20所示,2018年中国茶油消费量66.3万吨,同比增长7.8%;2019年中国茶油消费量71.7万吨,同比增长8.1%;2020年中国茶油消费量69.9万吨,同比增长-2.5%;2021年中国茶油消费量95.2万吨,同比增长36.2%。

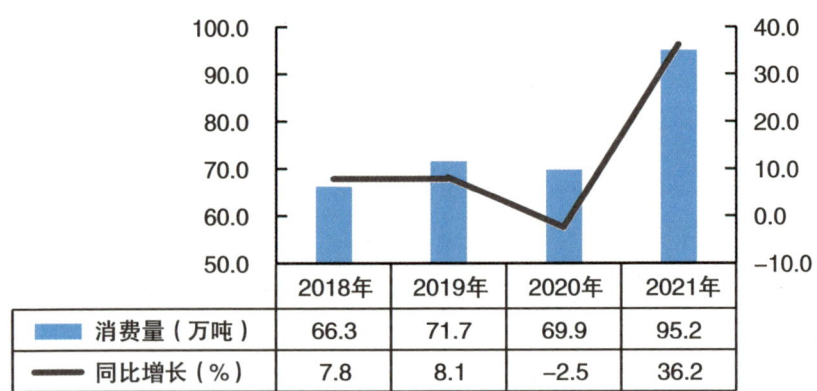

图2-20	2018—2021年中国茶油消费量			
	2018年	2019年	2020年	2021年
消费量（万吨）	66.3	71.7	69.9	95.2
同比增长（%）	7.8	8.1	−2.5	36.2

图2-20　2018—2021年中国茶油消费量

资料来源：国家林业和草原局

　　从我国茶油消费区域市场看，华东地区茶油市场发展较为成熟，茶油需求量占中国市场35.2%，其次是华中地区、华南地区、华北地区和东北地区，四者占比分别是20.9%、17.2%、11.5%、10.8%，西部地区的茶油市场较小，占比4.4%，如图2-21所示。总体来看，我国茶油市场地域分布不均衡，主要集中在经济比较发达的华东地区和主要产区华中地区。

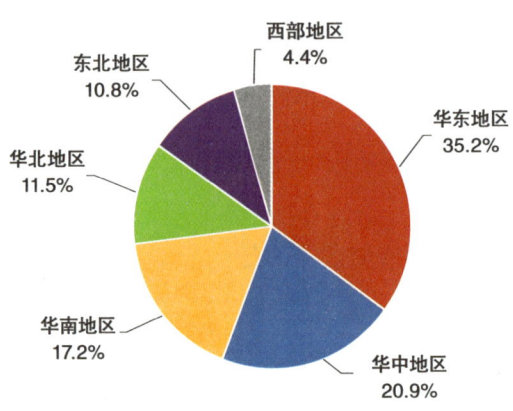

图2-21　2018—2021年中国茶油消费量分布

资料来源：根据国家林业和草原局相关资料整理

2. 2021年中国茶油企业市场占有率

目前食用植物油加工行业中的茶油生产企业的市场集中度不高，新的茶油生产企业不断涌现，竞争日趋激烈（见表2-6）。

表2-6　2021年中国茶油主要生产企业及销量

企业名称	销量（吨/年）
湖南山润油茶科技发展有限公司	7060.0
湖南大三湘茶油股份有限公司	6135.0
湖南贵太太茶油科技股份有限公司	2180.0
浙江久晟油茶科技有限公司	1617.0
湖南新金浩茶油股份有限公司	1380.0
江西润心科技股份有限公司	1097.0
湖南神农国油生态农业发展有限公司	870.0
江西友尼宝农业科技股份有限公司	720.0
红安县将军红山茶油有限公司	510.0

数据来源：根据中国林业产业联合会相关数据计算整理（统计产品为精炼茶油，销量为大概数值）

（二）油茶副产物销售市场集中度分析

油茶全身是宝。茶油及油茶副产物的综合利用为油茶行业的下游，为油茶产业提供了更广阔的发展空间。油茶加工后的副产物油茶饼粕富含茶皂素，可用于工业、医疗等，如用于生产营养功能油、保健品、化妆品等。茶籽壳也是很好的制作木糖醇、糠醛、活性炭的好原料。目前市面上流通的油茶商品中，最主要的就是食用油和护肤品，而且以茶油为主，可见目前中国油茶行业下游产品应用结构仍较单一，其在保健品、化妆品、护肤品上的应用并未普及。油茶副产物油茶饼粕、油茶果壳活性物质含量丰富，却未得到充分开发利用，造成巨大的资源浪费，油茶产业仍有很大的发展空间。

油茶产业科技创新发展分析

第一节　油茶创新技术分析

一、油茶创新技术分析

（一）油茶种植新技术

1. 油茶品种选育新技术

（1）常规选育

当前我国主推的油茶良种主要通过常规选择育种技术选育出来，这些良种的推广、示范为提高油茶的产量打下了坚实的基础。我国的油茶良种选育工作开始于20世纪60年代中后期。20世纪70年代通过调查选育，全国共选出优良农家品种20多个，先后建立油茶母树林1680公顷、实生种子园404公顷。20世纪80年代初期，油茶工作者开展了优良农家品种比较研究，筛选出了一批目前生产上仍在使用的油茶优良农家品种（岑溪软枝油茶、巴陵籽油茶、望谟油茶、龙眼茶、五粒籽等）。80年代中后期，在油茶优树选择的基础上，通过布置各种无性系测定林，开始了油茶优良无性系的鉴定选育工作，先后选育出200多个优良无性系，包括湖南省的"湘林系列"、江西省的"赣无系列"和中国林业科学研究院亚热带林业实验中心的"长林系列"等。

截至2022年，全国已有审定油茶良种375个，其中国家审（认）定73个。2018年，国家林业和草原局组织全国油茶产区对推广的油茶良种进一步优化筛选，颁布15个省（区、市）主推品种共160个（其中包括浙江、安徽、河南、湖北、广东、重庆、贵州、陕西等8省市跨区域引种品种18个），除去重复品种，实际主推品种120个。这些油茶良种的推广应用与示范种植为提高油茶产量打下了坚实的基础。

（2）杂交育种

杂交育种在油茶育种中也占有一席之地。20世纪70年代，我国开始系统地开展油茶杂交育种工作，并取得了一定的成果。70年代至80年代初，全国油茶育种工作者在普通油茶种内和山茶属油茶树种种间开展了大量的杂交试验。90年代初,我国油茶杂交育种工作得到进一步发展。我国油茶物种的人工杂交育种起步虽然较早,但育成品种的应用面积较小。一些科研院所通过杂交育种,也取得了一批杂交子代,甚至获得了一些优良无性系,但绝大部分仍旧还停留在小试阶段。湖南省林业科学院选育出"XLH13"等5个优良杂交组合,产油量分别比对照增产37.0%~100.8%。中国林科院亚热带林业实验中心经过数十年的杂交选育工作,于2016年由省级认定了4个杂交子代优良无性系,目前正处于区域试验阶段。另外,江西省林业科学院已开展红花油茶种间与种下水平的杂交育种试验,并获得了一批杂交子代,目前已开展了子代产量跟踪测定分析。

(3)诱变育种

诱变育种是人为地通过物理、化学诱变剂等对植物器官、组织进行处理,诱发其产生遗传性的变异,并对变异进行鉴定、选择,培育新品种的育种方法。目前我国油茶诱变育种成功的报道很少。早在1972年、1973年广东广宁县就先后开展了油茶种子、插条、花粉的辐射试验。试验表明,经Co60γ射线照射的油茶种子播种后,发芽时期明显推迟,剂量与发芽出土日期、发芽持续时间呈负相关;插条辐射试验表明辐射处理营养器官诱变的变异可通过无性繁殖遗传下去;由于花粉受到电离辐射的损伤,在参与受精过程中,有反常现象;此外,辐射果内正常饱满种子较少,畸形子较多,籽粒较小,种子的成熟度较差,少部分种壳呈白色。可见虽然诱变育种具有程序简单、速度快等优点,但诱发变异的方向和性质难以掌握。2010年江西省林业科学院开展油茶种子、穗条的Co60γ辐射育种试验,成功获得了一批辐射有变的油茶种子,目前辐射后的植株处于田间观测阶段。

(4)细胞工程育种

细胞与组织培养是利用植物的细胞、器官或组织,通过无菌操作,在人工培养基上给予一定的温度和光照条件进行培养的技术。1980年我国首次报道了油茶体细胞胚状体的发生研究结果,利用油茶树子叶离体培养产生胚状体并诱导出完整植株,之后利用油茶未成熟子叶、幼胚离体培养获得植株。通过花药（或花粉）培养可以大大缩短育种年限并且能克服远缘杂交不育，通过胚胎培养可诱导未熟杂种胚发育，克服杂种不育，利用细胞原生质体培养或融合以及体胚繁育技术可以产生新的优良品种。目前油茶组培苗移植造林方面的研究报道较少，研究一般都限于离体培养的成功率和影响因素等，油茶组培苗离体保存和移植技术等其他方面还有待更多的研究，从而形成一整套规模化的完善技术，以保证油茶良种苗木规模化生产和推广应用。此外，原生质体培养、融合以及体胚繁育等细胞工程育种技术还处于开始阶段。

（5）分子育种

随着生物技术的发展及应用，分子技术逐渐在油茶育种中开始应用。油茶分子育种历程历经30年，取得了一定的进展，到目前为止，油茶的分子育种主要体现在分子标记辅助育种和功能基因解析两个方面，分别在油茶的分类，品种鉴定，生殖生长，油茶果实，种子和种仁发育，油脂成分解析，重要活性成分的分子机制，抗旱、抗寒、耐低磷、抗铝毒、耐低氮等抗逆分子机制等方面开展了一系列研究，大大地推进了油茶育种进程，促进了油茶生物育种的发展。

随着生物技术的发展，高通量测序技术的持续优化改进，促使测序成本不断降低，高密度覆盖的分子标记被大量应用于基因型鉴定与遗传评价成为可能，使得全基因组关联分析已然成为挖掘与植物复杂性状紧密关联关键功能基因位点或基因用于早期选择育种的新策略。近年来，中国林科院亚热带林业研究所、江西省林业科学院、中南林业科技大学先后发布了南荣油茶、红花油茶及狭叶油茶染色体级别的全基因组序列，为油茶分子标记的大量开发应用、全基因组关联分析、分子标记辅助育种等提供了重要的基础，基于全基因组水平的油茶分子设计育种正在紧锣密鼓地推进之中。

2. 油茶品种选育技术问题分析

当前主推的良种多源自20世纪90年代初期，个数较多，但油茶良种的适应性评价不够精准，大面积规模化推广的产量与预期产量存在较大差距，加上种质混杂等原因，造成精选主推良种缺乏、良种选育进展缓慢、良种组配研究薄弱、品种退化等现状。

从品种选育技术角度来说,传统选择方法的育种是推进并创制出新一代良种的经典方法,然而育种周期较长,育种效率不高。经控制授粉的杂交育种虽然已经得到了一些后代,且经子代测定也得到了一些优良组合,但离品种审定、推广还有很长的路要走。此外,远缘杂交经常会出现胚败育现象,目前通过胚胎挽救等技术手段克服远缘杂交障碍的技术在油茶中的应用还处于开始阶段,尚缺少前期技术积淀,而体细胞杂交育种、体胚繁殖育种等细胞工程技术育种也还未开始研究。诱变诱导育种由于受诱变随机性影响,目前也没有实质性进展与成效。在分子育种方面,由于油茶普遍存在的高度杂合特点,油茶品种类群中染色体核型从二倍体至八倍体均有,复杂的染色体核型及庞大的基因组,使得遗传图谱构建和功能基因解析难度较高,分子育种研究亟待寻求新技术突破。

当前有两个重要的技术瓶颈问题急需解决突破:一是多倍体基因组组装和基因组的全面解析。二倍体的油茶近缘物种基因组组装和基因组解析已经完成,但目前种植面积最大的六倍体油茶的基因组组装和基因组全面解析没有完成,从而限制了油茶遗传图谱的构建、物理图谱的构建、分子标记的大量开发应用和分子标记辅助育种等工作的有效开展。二是油茶的遗传转化技术没有突破。过去油茶功能研究和分子育种试验研究都是利用模式植物拟南芥、烟草和草本油料植物油菜作为转化对象,没有油茶转化体系的突破,就很难有油茶精准定向遗传改良的进步。

3. 建议

长期以来,林业育种是采用选择育种的方式开展良种选育工作,我国油茶种植面积较大,油茶资源丰富,还有许多丰富的资源没有得到开发,因此,持续开展选择育种,发掘并选育出具有早花早熟、果大皮薄、种仁含油率高、抗逆性强、适宜机械化作业等优良性状及地方特色的品种,仍然是油茶育种的一条重要途径。从现有研究分析,油茶育种技术呈现从常规育种到生物育种方向发展的态势。

杂交育种可以培育出超亲性状的杂交后代,是培育更优品种的传统育种方式。因此，杂交育种应作为油茶育种的一项长期坚持的工作。此外，在油茶远缘杂交研究中，经常会出现胚败育现象，胚胎挽救和体细胞杂交是克服远缘杂交障碍的重要方法，因此，开展油茶远缘杂交，同时研发胚胎挽救、体细胞杂交育种甚至体胚繁殖育种等细胞及组织培养工程育种技术也将是今后油茶育种的一项重要内容。

世界种业正迎来以全基因组选择、基因编辑、合成生物及人工智能等技术融合发展为标志的新一轮科技革命，种业强国已进入"常规育种+生物技术+信息技术+人工智能"的育种4.0时代。大豆等油料作物的生物育种已达相对较高的水平，同为油料作物油茶的生物育种研究相对滞后。因此，分子育种将成为今后油茶育种的一项重点。今后将继续在分子标记辅助育种、功能基因解析等方面取得突破，特别是随着油茶基因组组装和基因组的全面解析、遗传转化技术的突破，油茶基因工程育种以及全基因组选择育种等将逐渐展开，并进一步引领推进油茶分子育种进入新的快速发展阶段。

（二）油茶绿色高产高效栽培新技术

1.油茶栽培技术现状

我国南方油茶栽培有2300多年的历史和长期的种植习惯，油茶生产者和科技人员从总结群众经验开始，从对垦复、修剪、施肥、病虫害防治、林地复合经营等单项营林和栽培技术的重点研究，到综合丰产配套技术的应用，取得了一系列科技成果，并获得了各级各类成果奖励。在栽培理论研究上，对油茶生长发育、生理生化、生态特征，以及遗传背景和遗传规律等多方面开展了研究，特别是在油茶林养分管理方面做了大量的工作，围绕油茶的营养特性、油茶林养分循环、营养诊断和施肥效应等开展了系列研究，取得了重要成果。然而，现有进入盛果期的高产油茶由于品种、密度及水肥管理、修剪等问题产能未得到充分释放，产量达不到预期产值；原有大面积油茶自然林由于品种与粗放管理等问题仍为低产低值状态，规模化油茶种植基地产量提升仍未寻找到有效的途径。截至2019年底，江西省油茶林面积1562余万亩，其中油茶老林即低产林1000万亩，新造油茶良种林面积达562万亩；茶油年产量仅19.8万吨，年产值仅320.9亿元；规模化造林亩产茶油达30千克的面积不到10%，高产林分多为林农经营小面积油茶林；老林绝大部分处于"天养"状态，多为低产（5千克/亩）低值状态。

当前，绿色高产高效栽培技术成为农林产业健康发展的趋势与热点。2016年，农业部安排部署开展绿色高产高效创建，并投入了15亿元资金支持绿色高产高效创建，这些有效促进了当今农业中的小麦、花生、马铃薯、山药及猕猴桃、蜜柚、酸枣等产业的发展。绿色栽培属于绿色农业种植技术，它是有机物、无机物自然循环、均衡发展的体现。绿色是天然无公害的代名词，象征着人与自然和谐发展的规律。因此，从根本上讲，油茶绿色高产高效栽培是一种可持续发展、可循环利用的新型技术，既可以保护环境，又能促进生态环境的健康发展。依托油茶绿色栽培技术形成的绿色农业产业链也日趋成熟，不仅可以有效响应国家节能减排的号召，也能更好地加强产品的安全性，保证茶油的品质和产量。油茶绿色高产高效栽培技术更是油茶产业发展走向成熟的象征，体现了栽培技术的不断进步。

2. 油茶栽培技术问题分析

（1）油茶林地环境与土壤质量明显下降，整地、造林与抚育管理技术不当

《全国土壤污染状况调查公报》（2014年）表明，南方土壤酸化问题突出，土壤点位污染超标率达到19.4%。这和多年来化肥使用量大有关。同时，种养殖业大量生物肥料被排放或焚烧也造成了环境污染。在林地整理与抚育方面，一些油茶企业造林选地不当，在陡坡造林整地或抚育管理中采用机械不规范，野蛮施工，造成林地水土流失严重，甚至出现塌方事故，给地方环境与交通带来恶劣的影响。

（2）缺乏适宜主推良种及组配模式

在油茶良种推广造林中，对于适宜当地的油茶品种及品种配置缺乏确切的理论指导和实证分析。生产中油茶品系的盲目配置，均影响林分充分地授粉结实，导致油茶高产林分"有花无果"、产量低的现象频发。成林林分难以获得预期的茶油产量，极大影响了油茶生产经营的积极性。

（3）油茶新造林高效套种模式少

高效的油茶复合经营是一种可以有效改善土壤肥力、增加经济效益及促进油茶幼林生长的生产方式，不但可以提高油茶根域土壤有机质含量、全氮含量、碱解氮含量、有效磷含量和速效钾含量，还为油茶生长提供更充足的营养。然而，目前针对不同区域不同立地的高产高效的油茶套种栽培模式十分欠缺。

（4）水分养分精准管理技术水平差

高产油茶林分大小年仍较明显，林分高产年份少。油茶树水分需求规律，适宜给水时间，水分与产量、含油率之间的相互关系等油茶林分水分精准管理有关问题急需解答。同时，林地养分因子尤其是微量元素对产量影响与制约的关键技术及轻简节本的养分管理水平不高。此外，受近年极端气候影响，油茶林地夏秋季的防旱保墒措施与技术水平低，也严重影响了油茶的高产与稳产。

（5）整形修剪规模化、精准化及宜林机械等节本型技术应用程度低

适宜油茶这一特有木本油料树种生长特性的整形修剪的理论与技术方法研究水平低，树形培育与节本型修剪措施仍处于生产经验阶段。油茶产业缺乏统一的标准，农机农艺林场融合不够紧密，基地建设缺乏科学的指导和规划，大部分老油茶林和部分新造油茶林由于坡度大、种植间隙小，机耕道与运输道狭窄等，农机不能上下山，无法开展机械化生产作业。

3. 建议

油茶绿色高产高效的栽培技术主要包括油茶良种主推品种使用与配置技术、科学机械整地、造林与抚育管理技术、新造林复合经营技术、成林水肥高效管理、低产低效林改造提升与节本增效技术及有害生物的病虫害防控技术等。

（1）推广应用油茶良种主推品种与配置技术

2018年，国家林业和草原局组织全国油茶产区对推广的油茶良种进一步优化筛选，主推品种120个，其中江西省25个。2023年发布的《加快油茶产业发展三年行动方案（2023—2025年）》将品种精简至16个，并提出了相应各地区

品种配置栽培模式，不同油茶产区采取对应的良种及配置模式造林或提升低产林，将明显提高油茶的产量与经济效益。

（2）研发油茶水肥管理、简易修剪及机械抚育等节本增效技术

水肥一体化技术是将灌溉与施肥融为一体的农业新技术，该项技术具有省工省力省时、水肥均衡等优势，是实现油茶绿色高产高效栽培的一项关键技术之一。油茶园修建水池并通过水肥一体机设备，将水肥滴灌至油茶根茎处，可有效实现高效的施肥和灌溉。在幼树结果前施肥，每株以氮肥、钾肥为主配制0.5%尿素钾肥水溶肥滴灌，在结果期注重氮、磷、钾（10∶6∶8）的配合比，速效肥以及有机肥分别为1~2克以及15~20千克；叶面施肥时，主要以尿素、微量元素等为主，施肥量不宜过多，否则易引起林地污染。在干旱的季节，需对茶林适当地灌溉，从而有效提高油茶的产量。

轻简、节本、高效为油茶绿色高产高效栽培的重要主题。研究表明，以两年生苗为材料用容器培养3年生大苗的育苗和造林技术，与常规方法相比，投产前的造林和管护成本下降19.26%，每亩减少投入220元。以高产、稳产、花期相遇、成熟期一致和区域适应性强等指标为参考依据，按区域对当前主推的高产油茶品种进行了区域归类分组，提出各区域适宜栽培的品种配置组合。当前，采用低成本的黑地膜覆盖保水措施，比对照多增加纯收入1390元/亩。采用高效的水肥综合调控每亩可比不调控对照多增加纯收入1120元，比常规施肥多增加纯收入662元。采用油茶大树轻简化的修剪技术和保果素、营养液等生长调理剂，与常规管理相比每亩节本增收715元。应用保花保果剂的使油茶坐果率提高了27.74%~80.36%，每亩多增加纯收入800元以上。

油茶低产的一个重要原因在于生产机械化水平与生产效率低下。因此必须在油茶产业各生产环节充分使用机械替代或部分替代传统人工作业，从而降低成本，提高效益。研发油茶林农机具，并进行油茶林的宜机化改造，扩大可机械化生产面积。此外，机械整地与抚育管理要事前做好规划，防止引起严重的水土流失与塌方，根据立地条件在60、70与90型号中选择适宜的挖机工作，可明显提高油茶抚育管理的效率和降低劳动成本。

（3）提倡油茶新造林绿色栽培的复合经营技术

事实证明，套作模式的油茶林树高比粗放经营的油茶林高0.78米，套作模式的油茶春梢长度及粗度几乎是粗放经营模式下的两倍，且复合经营技术能改善土壤理化性质。在春季低温时期覆草增加根部温度，促进其根系活动，有助于根系吸收水分、养分等，在夏季高温季节能降低土壤温度，延长根部的日生长时间。油茶复合栽培模式的树体与土壤中氮、磷、钾元素总含量要高于粗放经营下的，其中油茶林下种植绿豆对其土壤和树体营养有提升作用。幼龄茶园间种大豆以后的林地土壤肥力大幅度增加，其中土壤有机质增加1倍，速效磷（P_2O_5）和速效钾（K_2O）比未间作的分别增加5倍和3倍，是间种后油茶生长发育良好、结实增多的物质基础。绿色栽培复合经营技术有利于林地的水土保持。油茶林套种可减轻暴雨对油茶幼林松软湿润地表的冲刷，能有效地减轻地表的径流。油茶幼林+花生与油茶幼林+大绿豆两种套种模式与对照相比，其地表年径流量分别低35.14%和5.16%；流失水土的比例均远小于对照。油茶幼林的套种适当地减少耕作次数，并保持适度的自然植被将有利于减轻土壤侵蚀。油茶复合经营也能显著提高成林油茶的产量，增加林地经济收益。幼龄油茶林套种大豆的种植模式，可以收获大豆900千克/公顷以上，可增加经济收益9000~12000元/公顷。

（4）推广低产低效林精准改造提升技术

对我国油茶现存优良农家种群、普通油茶低产林分等进行分析，制定分类调查方案，对现存农家优良种群的老油茶与普通油茶低产低效林的低产过程进行分析，诊断低产低效成因，提出分优良种群、分林分类型的轻简、集成、精准的改造技术与根系高效更新复壮对策，对低改示范样板全面调查分析，总结关键技术。

针对低产成因，提出成因针对性强、增产效果好、操作轻简性好的油茶低改关键技术。在现存农家优良种群集中分布区与普通油茶低产林分典型区，建立油茶低产低效林改造与根系更新复壮技术示范林，并对改造后成效进行连续监测。

（5）加强油茶林的有害生物无公害防治技术

油茶林的有害生物防治应贯彻"预防为主、科学防控、依法治理、促进健康"的方针,保护天敌繁衍的环境条件,保持油茶林生态系统的平衡和生物的多样性,以营林技术为基础,生物防治与化学防治相结合,掌握病虫规律,抓住薄弱环节,适时有效地采取措施及时进行防治。物理防治尽量体现在加强林分密度控制（尤其是老油茶与低效林,每亩密度保证在50~70株）、适度整枝（剪除病虫枝）及冬季垦复除虫蛹等方面,保证树体与良好营林环境的管理;在化学防治上,尽量执行国家有关规定,禁止使用高毒、高残留农药品种,控制使用高效、低毒、低残留量农药的品种、次数,注意使用方法和安全间隔期,防治林地土壤毒化,保证油茶的绿色生产。

（三）油茶农艺农机融合新技术

1. 油茶农艺农机融合技术现状

农机主要是指在农业生产中所使用的机械设备,采用农机能够进一步推动农业的现代化改革进程,帮助农业生产向着高效化、智能化的方向转变。农艺通常指农业生产过程中所应用的技术原理,合理利用农艺技术,能够科学、合理地提升农作物的产出率。简单来说,农艺自身具有显著的季节性、复杂性及多样性特征,能够随着农业指向性的改变而产生相应的变化。在现代农业发展过程中,农机和农艺已成为一个紧密相连的有机整体,彼此相互促进、相互制约。随着农业技术的不断进步和规模化生产要求的不断提高,农机技术在现代农业生产中所占的份额越来越大。正确处理好农机和农艺的关系,使两者相互适应并紧密结合是发展农业机械化的关键,是实现高效农业的重要途径。

当前我国农艺农机融合度较高的农作物品种主要集中在小麦、水稻、玉米等主要粮食作物上,而油茶等经济作物生产多以人工作业为主,机械化发展水平相对落后。

（1）嫁接育苗机械

国家林业和草原局哈尔滨林业机械研究所在2012年研制的BYJ-600型油茶苗木自动嫁接机解决了劈接法在自动嫁接中的技术难题,实现了油茶苗木的自动嫁接。

2014年哈尔滨林业机械研究所在BYJ-600型油茶苗木自动嫁接机的基础上，又研制出了硅胶苗夹式的BYJ-800型油茶苗木嫁接机，该设备在硅胶套管固定方式的基础上，对苗木对中完成后的固定方案做了进一步改进，将硅胶套管方式固定改为硅胶苗夹方式固定，使苗木嫁接的稳定性更高。

BYJ-800型油茶苗木嫁接机主要在砧木、穗木对中机构和固定机构上进行了改进。其中，对中机构采用了移动平台设计，使砧木、穗木的进给定位和对中定位更加精准，避免了对中过程中由于定位不准导致的嫁接不成功的问题。在嫁接完成后的固定机构中采用了硅胶苗夹的固定方式，增加了扶正块的设计，改进后的这种结构可使苗木嫁接工作更加稳定，嫁接完成后对嫁接接口的固定也更加稳固。

目前，该机能够适应标准化生产工艺作业模式，可实现砧木和穗木苗的自动传递、切削、对中插接、固定等机械化作业，实现苗木的自动嫁接，两套作业系统分别采用硅胶苗夹和铝箔固接方式。

（2）除草机械

除草的主要目的是防止杂草丛生，夺取林地的营养和水分等。当前，油茶除草使用的机械有中耕除草机、割灌机、垦复机等。除草机按作业形式可分为铲式除草松土机、株行间除草松土机、旋耕式除草机。国家林业和草原局哈尔滨林业机械研究所研制的 5YCS 型幼林抚育机，采用缺口圆盘作为工作装置，可在林木行间进行松土、培土及除草作业，配套动力为拖拉机，连接方式为三点悬挂式，耕深50～100毫米，作业幅宽2000毫米。割灌机基本上采用侧挂手持式，由刀盘、发动机、刀片（绳）、扶手、控制系统等部分组成，刀片（绳）利用发动机输出的动力高速旋转切割杂草。这种割灌机具有结构简单、轻便、机动灵活等特点。

（3）垦复施肥机械

徐州市农机技术推广站研制出1K-500自走式果园施肥开沟管理机，该机采用13.2千瓦的手扶拖拉机作为配套动力，作业时，经传动装置将动力传输到开沟刀轴上，利用链条带动道具的旋转实现开沟，开沟深度为500毫米，宽度为300毫米。

国家林业和草原局哈尔滨林业机械研究所研制的油茶垦复机采用履带式行走结构，前悬挂卧式旋耕刀轴，垦复宽度600毫米，最大垦复深度150毫米。油茶施肥机械通常采用中耕施肥机、开沟施肥机等。

（4）油茶果采收机械

当前，我国油茶果机械化采摘研究发展迅速，主要集中在振动式采摘机、齿疏式采摘机、智能化油茶果采摘机器人等方面。国内相关研究机构加大了油茶果采摘机械研发力度，陆续取得了一些成果。江西农业大学对分层式油茶采摘技术进行了研究，可实现采净率90%左右，花蕾损伤率小于10%，为油茶果的高效、低损采收奠定了部分技术基础。南京林业大学在油茶等经济林果采摘机器人领域进行了探索性研究，可实现果实识别成功率90%以上。哈尔滨林机所研究了轻简式油茶采收装置，可实现精准智能、优质高效、轻简机动的油茶苗木栽培、林间抚育及林果采收。中南林业科技大学研制了自走振动式油茶采收机器，采收效率可达40株/小时以上。以上采摘技术仍不能全部适应油茶主产区采摘的实际情况。

（5）油茶果采后预处理机械

近年来，随着油茶产业快速发展，油茶产量逐年大幅增加，鲜果大量集中采摘上市，油茶鲜果采收后处理不及时或方法不当造成油茶籽霉变腐烂。目前脱蒲清选的技术路线分为两种：一种是先脱蒲、清选再烘干路线，即堆沤后的鲜果直接机械脱蒲，茶籽从果蒲中脱离，然后进行清选，分离果蒲和茶籽，最终烘干茶籽；另一种是近两年出现的先烘果爆蒲再清选路线，即堆沤后的鲜果先烘干爆蒲，再经过机械清选实现蒲籽分离，最后茶籽打包入库。

江西省农业机械研究所研制的平面床式齿光辊油茶蒲籽清选机在江西、湖南、浙江等地得到了广泛推广，该机由齿光辊对辊式清选机构、扫籽机构、内外板可拆式轴承座、出蒲机构、动力及传输部件、出籽口、床式机架构成。经生产试验测得技术指标为：产量≥2t·h^{-1}，破籽率≤3%，损耗率≤2%，籽中含蒲率≤5%。

山东明华公司基于齿光辊清选技术研发了一种集茶果分级、脱蒲、茶籽初分及清选一体组合机组，在广东、江西小批量推广，油茶果经提升机送入茶果分级机构，该机构由间距从小到大的9根移动胶带并排组成，理论上是胶带数量越多茶果处理量越大。茶果在移动的两根胶带上滚动，胶带间隙由小到大渐变，不同大小的茶果在不同间隙段落下，实现分级。

国家林业和草原局哈尔滨林业机械研究所研制的"1GT-1500型油茶果分级脱壳机"，整机重量960千克，主机尺寸2750毫米×1100毫米×1600毫米，宣传参数为：处理量$1200 \sim 1500 kg \cdot h^{-1}$，脱净率≥97.2%，清选率≥98%，破损率≤3.1%。该机组的生产工艺流程、整体布局及结构和山东明华公司的设备如出一辙，不同之处在于脱蒲后振动筛由上下两层筛网组成，蒲籽混合物分成两级，清选机配置两台。

2. 油茶农艺农机融合技术问题分析

（1）技术分析

①嫁接育苗机械

人工嫁接固定材料普遍采用的是铝箔，与自动嫁接设备采用的硅胶套管和硅胶苗夹相比，铝箔的成本更低，嫁接效果更好，而且对环境的污染更小，不需要对固定材料进行回收利用。目前研制的油茶苗木自动嫁接机普遍采用分步动作的结构形式，嫁接过程中的分步衔接动作较多，限制了嫁接效率的提高，同时也增加了苗木机械损伤的可能性。气动和电动结合的动力源也是有待解决的一个技术问题，这种设计同样增加了设备的复杂程度，给设备的故障排除和维护保养都带来了一定的困难，因此设计出合理的联动机构是未来的一个研究方向。

②除草机械

当前，油茶除草使用的割灌机基本上采用手持旋转割草机，其结构简单，具有轻便、机动灵活、利于控制等特点，适合各种地形作业。切割盘一般采用尼龙绳或刀片，使用高强度尼龙绳作为牧草切割部件，柔性结构，不怕碰到刚性障碍物,使用比较安全,更换方便;使用刀片或刻齿刃时,应在旋转式割草机上安装安全装置,在切割器上方还应加设防护罩,以保证人身安全。智能化半自动式拖行式、后推行式、坐骑式、拖拉机悬挂式割草机则适宜在坡度15度以下平缓地作业,对宜机林地要求较高。

③垦复施肥机械

国内目前研制的林地开沟施肥机械质量参差不齐,功能、应用上局限性很大,不能很好地适用于不同土质、不同种植模式的林地,浅垦可使用旋耕机、垦复机等,油茶垦复作业机械中深垦机械和具有大坡度适应能力的机械非常缺乏。

④采收机械

目前我国一些科研机构研制的油茶果采摘机,大部分都只针对采摘这一环节,忽略了油茶果的收集环节或者没能达到采收一体化,今后的油茶果采摘机还应具备相应的收集能力。应加快探索智能化机器人采摘前沿技术,创制出智能化油茶果采摘、运输机器人系统及轨道动力平台。同时,为部分丘陵山区地带油茶种植经营分散的林农研发低成本的轻巧便携设备,满足个体农户的采摘需求。

⑤油茶果采后预处理技术

油茶鲜果脱蒲通常采用剪切、揉搓、挤压、碰撞、切割等方式,但油茶果蒲有厚有薄,有的开裂有的未开裂,剪切和切割很容易伤籽,强烈碰撞和挤压容易碎籽,揉搓脱蒲容易脱不干净,需要多种方式结合起来脱蒲。难点在于清选,清选方式有风选、浮选、筛选、色选、对辊清选等。

先烘果爆蒲再清选路线,是先将茶果送到烘房烘干,茶果在60~70℃自动裂开,俗称"爆蒲",籽蒲在烘房里低温烘干32~40小时,籽蒲含水率≤10%,以达到储藏或加工油脂的水分要求,再对籽蒲混合物进行机械清选,实现蒲籽分离,得到洁净的茶籽。其优点是:第一,籽粒完好,茶籽品质高。采用长毛绒布粘蒲法解决干蒲籽分离技术,得到的茶籽无损伤,品相好,不易霉变,储存时间长,既保证了榨油原料的品质,又延长了榨油期。第二,适合带种壳茶油压榨工艺。茶油压榨前有去茶籽壳和不去壳两种工艺，湖南、广东部分地方是带全壳压榨的。缺点是：第一，烘干成本高。在相同烘干时间情况下，烘干成本增加两倍左右，如果茶籽售价超过成本，用爆蒲烘干取籽技术路线就符合市场需求。第二，干蒲籽分离机用的毛绒布使用寿命短，一旦黏性降低就得更换，增加使用成本和维修工作量。

鲜果先脱蒲再烘籽技术路线，在脱蒲时蒲中有黏性的青渍会流出，部分粘在茶籽外壳上，茶籽烘干后没有先爆蒲烘干的茶籽外表光亮，影响收购价。

（2）制约因素分析

①农机农艺统筹融合不强，油茶宜机面积少

多年来，油茶产业缺乏统一的标准，农机农艺林场融合不够紧密。基地建设缺乏科学的指导和规划，部分油茶产业基地以个体农户、小农场主经营为主，不仅规模小，而且林地归属分散，在油茶林地的选址、建设、管护等方面缺乏统一的规划和设计。绝大部分老油茶林和部分新造油茶林由于坡度大、种植间隙小，机耕道狭窄，无专门的运输道和存放地点等，导致农机不能上下山，无法开展机械化生产作业。因此需结合农机具作业要求，进行油茶林特别是老油茶林的宜机化改造，扩大可机械化生产面积。

②生产装备科研投入不足，多功能专业化油茶机具配套水平低

当前使用的油茶机械以农机为主。由于农机主要用于农业机械化作业，应用于林业特别是油茶产业时在很多方面不适应，使用效率不高。普遍缺乏多功能、专门的油茶生产机具，油茶技术装备研发能力和产品性能不能很好满足企业生产需要。同时，由于我国部分农业高端机具主要依赖进口，国产农机具多为中低端产品，可靠性、适应性亟待提升，油茶生产关键环节"无机可用""无好机用"问题明显，油茶生产人工、半人工作业现象普遍。如适合油茶林种植地形与种植林艺的多功能山地清山机、整地机、挖穴机、开沟施肥一体机、大高差林地水肥一体化设施缺乏，无专用中耕、除草、修枝、授粉机具等。再如油茶脱壳机脱壳不完全，需要人工辅助进行脱壳。如有的农机由于功率不够，在坡度比较大、山地条件苛刻的油茶基地，不能很好地发挥作用。油茶产业与农业

产业既有相类似的地方,也有很多不同的地方,有自己的特性,很多农用机具不能直接运用到油茶产业,有的需要改造,有的即使改造也不适用,需要重新研发和设计。

③政策资金引导力度不大,企业购机能力弱

油茶生产机械化是一项庞大的系统工程,油茶基地的标准化是发展油茶产业机械化的前提和基础,需要投入大量的人力、物力和财力。当前,油茶企业大多各自为政,研发的技术装备较多,但由于缺乏统一的规划和管理,油茶生产设备资源没有得到有效整合和利用,部分高效节能设备还没有得到推广应用,油茶生产机械化公共服务能力不足,管理服务信息化水平亟待提升。在购机补贴方面,专业化油茶生产机具缺乏,导致不能被纳入农机补贴范畴,油茶企业购机意愿不足。在当前国家加大对农机补贴的大背景下,亟须将油茶机械纳入农机补贴范畴,并创新补贴方式、改变补贴模式,加大对油茶机械设备的补贴和投入。

3. 建议与展望

以油茶生产机械化为重要抓手,以科技创新为引领,加大油茶生产机械装备研发与推广应用力度,实现油茶生产机械化、规模化、现代化,助推油茶产业高质量发展。

(1)转变观念,坚定油茶产业发展的信心

发展油茶产业对于维护我国食用油安全、推动乡村振兴具有十分重要的意义。传统意义上认为油茶产业投入大、周期长、效益低,种植油茶靠天吃饭、难赚钱。大部分金融机构、企业和农户,不愿意和不敢投入油茶产业,不敢大规模发展油茶产业,更不敢大资金投入发展油茶生产机械化和自动化。因此,油茶产业要发展,首先必须扫清油茶生产思想障碍,要坚定油茶产业发展的信心,只要降低成本、提高效率、减少风险,走油茶生产机械化、自动化道路,油茶产业将大有可为。要让政府及相关部门、科研院所、企业、农户认识到,没有油茶生产的规模化、机械化就没有油茶产业的现代化。

(2)标准先行,推进油茶林宜机化改造

油茶生产机械化首要条件是油茶林地符合机械化生产要求。目前全国老油茶林面积占油茶林面积的50%以上，这些老油茶林由于种植标准不统一，难以满足机械化生产要求。因此，要提高油茶生产机械化水平，必须对老油茶林大力开展宜机化改造，并在新造油茶林时严格按照宜机化要求进行建设。

（3）示范引领，带动油茶生产机械化推广

油茶生产机械化示范带动是推广应用的关键。要坚持示范与推广同步推进，带动油茶生产全面实现机械化。在综合示范的基础上实现油茶生产标准化、机械化、自动化和现代化。要着眼于油茶生产全程标准化、机械化，推进农机、农艺、林场协同协调，因地制宜推动品种、种植模式、基地、机具集成，全产业链机具配套，以标准化示范促进油茶生产机械化。紧盯油茶主要区域和油茶产业链机械化薄弱环节，加快补齐机具短板，推进油茶装备与工艺融合，着力完善生产模式、细化技术路线，示范带动油茶机械化生产。大力推广机械深松、复式整地、精量播种、肥料深施、节水灌溉、油茶林下经济、自然集籽、保护性耕作等节本增效技术。加快补上精量播种、育苗嫁接、移栽和采摘等环节技术装备短板，普及土地耕整、灌溉施肥、水肥一体化等技术装备。进一步拓宽油茶生产机械作业服务领域，逐步实现跨区作业，突出抓好重点区域、关键环节的机械化生产，以油茶生产机械化带动油茶产业现代化。

（4）整合资源，加快推进农机农艺融合

整合农机农艺资源和力量，加强协同配合，加快建立和完善农机农艺融合发展的生产技术体系。一是在思路模式上融合。农机要服务产业发展，特别应在机械化程度较低的产业及领域，不断研发、改进、更新农机装备与技术，形成农机农艺融合生产模式，发展农业机械化以提高农业生产效率。当某些作物的农机装备技术已较为成熟、性能较为先进时，农艺要在品种、种植制度、栽培模式、技术措施方面做出调整、改进以适应机械化生产作业。二是在标准规范上融合。农机方面要梳理现有规范标准，就重点产业、关键环节农机装备先进性、配套适应性等方面提出需求建议并配合做好标准规范的修订完善。农艺方面要牵头并联合农机等方面，从适宜品种、耕作制度、栽培技术、栽培模式、生产工艺以及适宜机械化等方面制定完善农机农艺融合系列标准规范，力争建立覆盖农业生产全过程、全方位、全领域的农业机械化生产标准规范。三是在推广应用中融合。农机技术推广过程中，农机具的选型配套要尽可能地满足当地农艺要求，促进新的农艺技术的推广应用，同时农机装备技术的更新要不断满足和适应农艺技术的进步和发展需求。农艺技术推广过程中，要将适宜机械化作业作为重点，主推品种、栽培、工艺和装备融合较好的农艺技术，推动农艺技术与农机装备同步发展。四是在培训示范中融合。农机方面举办的培训既要有农机方面的内容，也要有相应的农艺内容，使农机人员既懂农机也懂农艺；反之农艺方面也是如此。要联合建设一批机艺融合示范基地，加快机艺融合科技成果转化、技术试验推广、服务机制创新，示范引领农机农艺融合发展。

（5）多方联动，开展油茶生产机具研发

首先，政府引导构建多方联动的共享研发平台，结合油茶机械化生产中的重点和难点，对从"有机不好用"的改造升级到解决"无机可用"问题的创新研发等科研课题立项，争取在"十四五"期间完成小功率、轻型化、强爬坡能力的动力底盘等共性技术与装备的研究。针对现有类似农机装备，完成对小型挖掘设备、旋耕机、栽植挖穴机、开沟施肥机、除草机等机具的油茶生产适应性改进。完成油茶籽剥壳机、烘干机等现有专用机具的成熟化，达到可推广应用的要求。

油茶产业的发展必然带动对油茶机械的需求，油茶机械化作业问题已成为当前油茶产业规模化发展的瓶颈。为了促进油茶产业的健康发展，国家和各级油茶主产区的政府及相关企业，应加强对油茶机械化作业装备的支持和投入，从开发经济适用的辅助工具和简单实用的自带动力小型化作业机具，到复合型多功能技术装备，再到智能化作业装备，做好油茶机械化作业技术规划，集中研发力量，先易后难进行技术攻关，最终实现油茶产业的全面机械化。

二、油茶精深加工与智能制造技术

（一）高品质茶油绿色加工技术

1.茶油加工技术现状

茶油是油茶籽经提取工艺制得的植物油脂，色清味香，营养丰富，是一种健康、高质的食用保健油，在南方地区有长期的食用历史，主要由不饱和脂肪酸组成，其油酸和亚油酸合计含量高达90%以上，具有极高的营养价值。据《中国农村科技》杂志2022年11月有关油茶加工现状报道，截至2021年，全国茶油产量达到90万吨，占国产植物食用油生产总量的6%左右，产值1529亿元。全国茶油加工企业达到2990家，规模以上企业931家，油茶籽设计加工能力可达到424.83万吨，年可加工茶油110.79万吨，加工能力在500吨以上的企业有178家，油茶加工业初具规模。

茶油中的不饱和脂肪酸含量高是其主要特性，随着人们对茶油营养保健价值、经济价值等的认知日渐深入，绿色保健理念逐渐树立，茶油加工工艺也发生了显著变化，开始追求绿色环保高质量，从传统的热榨和溶剂浸提法，发展到室温压榨、水代法、水酶法等，同时，对茶油加工预处理技术、工艺参数的研究和改进也越发深入，并逐步实现推广应用。如今茶油质量得到极大的改善，品质越来越好，不断满足人民对健康饮食的高要求和高需求。

2.茶油加工技术问题分析

茶油提取工艺是油茶加工过程中最重要的环节，对茶油的理化指标、生物活性成分、挥发性风味物质及脂肪酸的含量与组成等具有显著影响。目前茶油提取工艺主要有压榨法、有机溶剂浸提法、室温压榨法、水代法、水酶法等。

（1）压榨法

压榨法分为土榨和机榨。土榨包括杠杆榨、楔式榨和人力螺旋榨等，由于设备比较笨重，方法陈旧，劳动强度大，效率低，目前已基本淘汰，仅在交通、能源落后的偏远地区尚有少量使用。

现在提到的压榨法多指机榨。

①提取原理

压榨法是借助机械外力的作用将油脂从油料中挤压出来的取油方法,是目前国内植物油脂提取的主要方法。按照植物油压榨设备的种类,榨油机分为液压榨油机和螺旋榨油机,由于生产厂家不同,榨油机的型号有很多种。20世纪60年代后各油脂厂主要使用90型液压榨油机,20世纪70年代以后普遍采用95型螺旋榨油机和200型螺旋榨油机。液压榨油机又可以分为立式和卧式2类,目前广泛使用的是立式液压榨油机。

②工艺流程

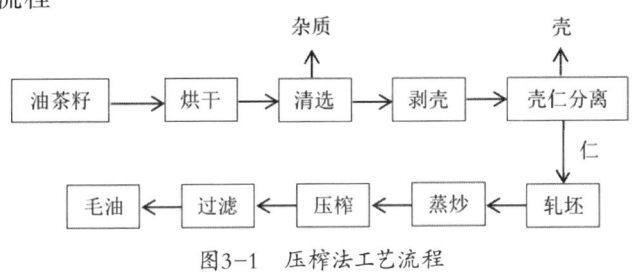

图3-1 压榨法工艺流程

③工艺优缺点

压榨法工艺简单,适应性强,生产设备维修方便,生产规模灵活,适合各种植物油的提取,同时生产比较安全,得到的油品质好,色泽较浅,风味纯正。

压榨法单次处理量小,得油率低,饼渣残油量高,并且榨油过程中有生坯蒸炒工序,饼粕中蛋白质变性严重,油料资源综合利用率低,动力消耗大,适合条件较落后的地区生产。

(2)有机溶剂浸提法

①提取原理

有机溶剂浸提法也称溶剂萃取法,其制油的原理是萃取原理。有机溶剂首先润湿料坯的外表面,并同时溶解处于料坯表面的游离油脂,然后沿着孔隙渗透到料坯内部,溶解处于料坯内部表面的油脂,再渗透到细胞内部和二次结构中。接着混合油通过未破坏的细胞壁和二次结构的间壁,沿着孔隙、毛细管移动到料坯表面,再进入浸出设备的混合油主流中。最后再通过蒸馏等工艺过程将溶剂从毛油中分离出来。

②工艺流程

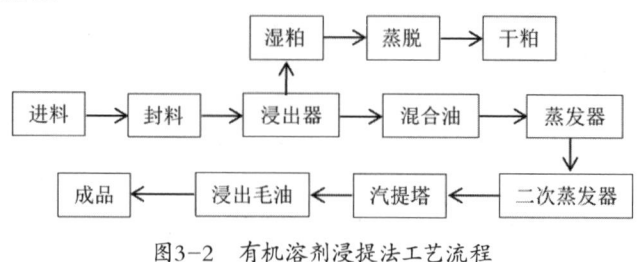

图3-2　有机溶剂浸提法工艺流程

③工艺优缺点

溶剂浸提法制油，处理量大，粕中残油少，出油率高；加工成本低、生产条件良好；粕的品质高，油料资源得到了充分利用。

但浸出毛油中含非油物质较多，色泽深，风味较差，溶剂回收过程中易引起不饱和脂肪酸分解，使制得的毛油皂化值偏高。茶油成品质量差，含有一定量残留溶剂，存在安全隐患。随着美国和欧盟对有机溶剂的使用要求门槛提高，浸提法制油成本增高。另外，有机溶剂中的残留物尤其是芳烃类物质会引起人们对于健康的担忧。同时，浸提时释放的有机溶剂污染环境，是一个重要的环境污染源。

（3）室温压榨法

油料室温压榨承袭于传统的压榨制油方式，与压榨工艺相似，区别是不经过常规热榨工艺中的蒸炒过程，是直接进行压榨的一种制油方法。

①提取原理

由于旋转着的螺旋轴在榨膛内的推进作用，榨料连续地向前推进。由于螺旋轴上榨螺螺距的缩短和根圆直径的增大，以及榨膛内径的减小，榨膛空间体积不断缩小而对榨料产生挤压作用。榨料受压缩后，油脂从榨笼缝隙中流出，同时，榨料被压成饼块从榨膛末端排出。

②工艺流程

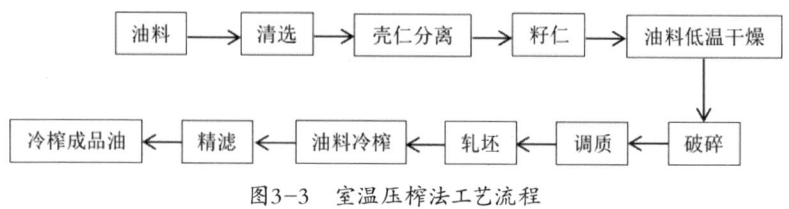

图3-3　室温压榨法工艺流程

③工艺优缺点

与常规压榨法相比，油茶籽在干燥时是采用低温干燥方式（一般低于60℃），进入压榨机前不需对物料进行加热或蒸炒处理，避免高温使蛋白质破坏，可以有效保持茶油的纯天然特性，具有色浅、滋味特别、气味清香等较好的品质特性。室温压榨可有效提高成品油和饼粕的品质，又能尽可能保留茶油中的生物活性物质，如维生素E、γ-亚麻酸等，通常不需要加添加剂，能够保存更长时间，市场价值更高。冷榨成品油基本上具备脱胶或中和后油的品质，无需精炼即可食用，避免了与任何化学物质接触，同时能够得到质量较高的饼粕，有利于油料蛋白的充分利用。油脂受污染程度小，避免了与有机溶剂的接触，无有害物质残留于茶油中，是绿色食品，而且有利于环境保护。

室温压榨法制油的缺点是，能耗高、出油率低，残油率较高（为12%～20%，为常规压榨的2～3倍）。相同装机容量时室温压榨的处理量仅为常规压榨的一半。

（4）水代法

①提取原理

在一定条件下，水与蛋白质的亲和力比油与蛋白质的亲和力大，水代法即利用此原理及油水之间密度的不同，通过将水分浸入油料而替代出油脂，将油分离出来的一种制油方法。

②工艺流程

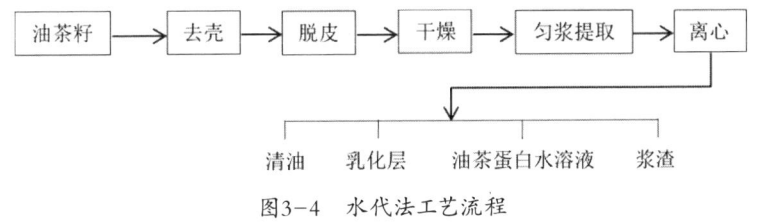

图3-4　水代法工艺流程

③工艺优缺点

优点在于设备简单，成本低廉。同时水代法以水作为介质，实现油水分离，整个提油过程相当于油经过了"水洗"的过程，去掉了杂质和异味，保留了茶油的活性成分和伴随营养物质。水代法避免使用有机溶剂，制取茶油符合"安全、营养、绿色"的要求，对环境污染小，残渣中的油茶蛋白可以进一步回收利用，利于油茶资源的综合利用。

水代法工艺的缺点是，和其他提取工艺相比，易形成乳化层，导致提油率偏低。另外，水的循环利用是必须面临的问题。

·工艺改进

微波辅助：使用微波辅助水代法提取茶油具有工艺操作简单、副产物少、提取速度快、环境污染程度低，且提取的茶油品质优良、产率较高等特点。

兑浆提取前对油料进行焙烤：研究发现，提油前适当地对油料进行焙烤，可以使蛋白质发生变性，可溶性蛋白质变成不溶性蛋白质，包含在球蛋白内部的油脂就会暴露于分子表面并且聚集，从而有利于油脂的提取，同时该处理过程也是油脂风味形成的关键步骤。

（5）水酶法

①提取原理

水酶法是在水代法基础上改进而来的，其浸出工艺是在水代法中的水中加入适当的酶，调至合适的温度和pH值，从植物中浸提油脂。其提取工艺是使油料经过机械破碎，破坏油料的细胞壁，然后用水浸泡使油料充分吸水膨胀，加蛋白酶、纤维素酶进一步破坏细胞壁，使与蛋白、糖等大分子结合的油脂分离，再利用油脂与水的不相溶性及密度的差异将其分离。

②工艺流程

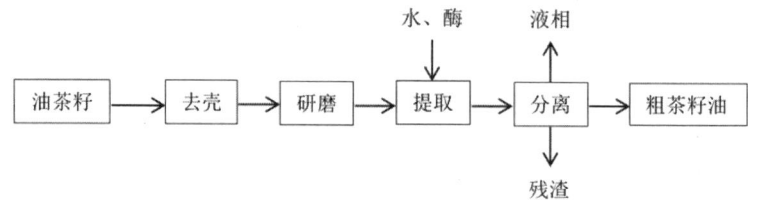

图3-5　水酶法工艺流程

③工艺优缺点

水酶法提取油脂具有条件温和、设备简单、污染小、油品质高等优点，采用该工艺不仅可以得到高品质的茶油,而且有利于其他成分的综合利用。

水酶法工艺的缺点是,酶价格高,易形成乳化层,乳化体系中油的回收在设备及技术上都存在困难。水的污染和循环利用也存在一定问题,残渣利用需要较大的能源。控制茶皂素的溶解度是用水酶法提取茶油的关键点之一,也是水酶法迟迟难以用于工业化生产茶油的重要原因。

由于水酶法制油效率较压榨法和浸提法低,很多学者开发了提高水酶法效率的技术,比较有效的是开发新的复合酶。采用超声波辅助水酶法,也能显著提高油脂的提取效率。

(6)问题分析

茶油是一种健康的植物油,其功效可以与橄榄油相媲美,其品质稳定,富含油酸单不饱和脂肪酸及有益脂肪伴随物,在预防心血管疾病等方面可以发挥有效作用。由于多种原因,我国油茶加工水平整体不高,产业链条较短,企业规模小,自动化智能化水平不高。茶油加工基本上模仿与采用其他大宗普通油料的加工技术和装备来制取,不适应茶油原料特性,甚至存在"过度加工"和反式脂肪酸、苯并芘、缩水甘油酯等有害物质超标等问题。

尽管茶油加工新技术相继出现,但是依然存在一些问题。例如,我国茶油的制取一般采用压榨法和浸出法,存在高温使营养和脂肪酸遭到破坏、颜色深、杂质含量高及化学溶剂残留等问题,影响了茶油作为高档油的应用。室温压榨法、水代法、水酶法等新型茶油提取技术越来越受到人们的重视,但技术工艺尚未成熟,难以实现规模生产,产业化瓶颈难以破解。过度的化学精炼过程使得油茶产品特有的风味等感官特性丧失,并使相当部分的营养成分及活性物质遭到破坏。目前,常用的室温压榨提取油脂的技术存在饼粕残油率高、毛油精炼不及时的问题。油茶加工剩余的利用主要是提取茶皂素和单宁,但是目前所采用的水代法和有机溶剂浸提法工艺复杂、成本高,后期纯化困难。茶油不饱和脂肪酸含量高、茶多酚与角鲨烯等活性物质多,但高品质茶油难以通过科学、先进、有效的技术、工艺和设备形成产业化而变为现实。

3. 建议

近年来，我国的茶油加工产业发展迅速，规模和技术有很大的提升，但是目前比较先进的绿色加工技术仍没有得到大规模的普及和应用，部分中小企业只注重茶油加工的出油率而忽视对茶油优质营养成分的保护，生产观念仍较落后。高昂的成本是制约中小企业使用绿色加工技术的重要原因，降低其成本是未来油脂加工行业的重要发展方向。

我国是油料进口大国，为提高我国食用油自给率，保障食用油质量与安全，大力发展高效节能的茶油绿色加工技术势在必行。通过推广茶油绿色加工技术，可以帮助茶油加工产业实现转型升级，提高油茶产业的综合利用产值，实现产业增值，带动农民创收。

（二）油茶副产物全值利用技术

1. 油茶副产物利用现状

茶油在加工过程中会产生大量的副产物，主要包括：油茶果剥壳后剩余的油茶果壳、油茶籽脱壳后剩余的油茶籽壳以及油茶籽榨油后剩余的油茶粕渣等。根据国家规划测算，至2025年，全国油茶种植面积超9000万亩，茶油年产量达200万吨，届时将产生油茶果壳400多万吨、油茶籽壳200多万吨、油茶粕渣250多万吨，如此之多的油茶加工副产物是丰富的多功能生物质资源，可利用其成分和营养特色，选择不同的加工技术，制备不同的产品。

目前，茶油加工主要副产物如果壳、籽壳和粕渣等的产业化利用较少，大多停留在基础研究和实验研究阶段，研究的产品很多，但面向市场、能工业化生产的较少。国内油茶果壳和籽壳的利用，少部分用于提取糠醛、木糖醇、茶皂素及制备活性炭，活性成分的提取属于精细化工领域，工艺复杂，设备资金投入较大，且提取物纯度有待提高，不能大规模消耗油茶果壳和籽壳，大部分油茶果壳和籽壳还是被用作燃料或当作废料遗弃，附加值不高，不仅造成环境污染，而且造成资源浪费。国内油茶粕渣的利用仍停留在将其简单烘干、粉碎后，用作水产养殖清塘剂、肥料等，只有少量研究将茶皂素、甾醇等成分开发成厨卫洗涤用品、洗发水、泡脚粉、肥皂等产品，且其高端下游产品研发滞后，市场价格波动大,生产成本居高不下,导致油茶粕渣利用价值低。

2. 油茶副产物全值利用技术分析

(1)活性成分提取

①油茶果壳活性成分提取

油茶果壳成分复杂,其主要化学成分与含量如表3-1所示:

表3-1 油茶果壳主要化学成分及含量

成分	纤维素	半纤维素	木质素	多糖	黄酮	茶皂素	单宁
含量	13.87%~ 20.95%	35.15%~ 49.34%	30.07%~ 36.23%	1.33%~ 5.93%	4.95%~ 6.84%	2.82%~ 4.96%	11.20%~ 14.10%

·木质素

油茶果壳木质素含量较高,有30.07%~36.23%,在提取木质素与开发相关高附加值产品方面更具优势。采用微波碱液提取法提取油茶果壳木质素,油茶果壳木质素得率达到11.45%。采用醋酸法和碱法提取油茶果壳木质素,虽醋酸法所提木质素纯度(91.87%)略微低于碱法所提木质素(93.37%),但热稳定性高于碱法提取的木质素,可应用于酚醛或环氧树脂、聚氨酯泡沫、纳米颗粒及碳纤维中,用以开发低成本、高价值副产品。

·糠醛

糠醛,是一种无色透明油状液体,暴露在光和空气中易变为红棕色,是很多行业重要的有机合成材料及精选溶剂。油茶果壳中多缩戊糖含量为30.27%,仅次于玉米芯中多缩戊糖的含量,是制取糠醛的良好原材料。通过改良硫酸(H_2SO_4)溶液,从油茶果壳中提取糠醛,在最佳工艺条件下,糠醛产率达到1.93%。

·茶皂素

茶皂素,是一种良好的天然非离子型表面活性剂,具有发泡、乳化、湿润等不同的性能,同时具有抗渗透、消炎、镇痛等多方面的药理作用,普遍用于农药、饲料、洗涤剂、洗护用品领域。目前,利用油茶果壳提取茶皂素的相关研究较少,相比于油茶粕渣中的得率,油茶果壳茶皂素得率较低。且现阶段茶皂素的提取还存在诸多问题，工艺流程简单、高品质的茶皂素提取方法还未进行大规模开发。

·单宁

单宁，是广泛存在于植物体内结构比较复杂的多酚类化合物，在化工和医药领域应用较多。利用乙醇分离提取油茶果壳中的单宁，在最佳提取工艺下，单宁的提取率为71.13毫克/克。以蒸馏水为提取剂从油茶果壳中提取单宁，在最佳提取工艺下，单宁含量的预测值为4.28%，验证实验值为4.25%。

·木糖和木糖醇

木糖，广泛存在于植物中，主要用于生产木糖醇，可在食品加工和医药领域应用。木糖醇是由木糖加氢还原得到，其甜度与蔗糖相当，发热量与葡萄糖相当。油茶果壳含有较多的多缩戊糖，是制备木糖的良好原材料。油茶果壳经热水、NaOH溶液、稀硫酸溶液预处理后，在体积分数为1%~2%的H_2SO_4溶液中发生水解反应生成木糖，再经过中和、脱色、两次浓缩等处理，得到纯度大于97.5%的结晶木糖。

·黄酮

黄酮，具有抗氧化、抗炎、抗癌、抗动脉粥样硬化、抗突变、抗过敏或抑制血小板凝集、降血脂等生物学活性。利用超声波、微波协同提取工艺，油茶果壳黄酮类化合物的提取率为1.87%，与理论值相当。在30倍于样品质量的60%体积分数的乙醇溶液中浸泡后，在最佳处理工艺下，油茶果壳中黄酮类化合物的提取率最高为1.709%。

②油茶籽壳活性成分提取

油茶籽壳中含有丰富的茶皂素、木质素、纤维素、半纤维素等，各成分和具体含量如表3-2所示：

表3-2　油茶籽壳主要化学成分及含量

成分	纤维素	半纤维素	木质素	粗脂肪	粗蛋白	茶皂素	总糖	灰分
含量	17.32%	22.00%	31.35%	2.53%	2.70%	10.68%	1.59%	1.02%

·黄酮

油茶籽壳中的黄酮类化合物可采用乙酸乙酯、正丁醇、氯仿和水4种不同溶剂进行提取,提取率分别为2.67%、1.56%、1.32%和0.57%,乙酸乙酯是油茶籽壳黄酮类物质提取的有效溶剂。

·高活性膳食纤维

采用酶技术和化学处理相结合的方法,提取油茶籽壳中的膳食纤维,在最佳提取工艺下,膳食纤维提取率可达46.20%。提取的膳食纤维呈浅黄色,气味淡,溶胀性达7.02毫升/克,持水力为825%,品质较好。

·茶皂素

油茶籽壳中茶皂素提取方法有水提法、有机溶剂提取法、水提沉淀法、水酶法等,以油茶籽壳为原材料,以茶皂素得率为标准,微波辅助乙醇萃取法得率最高,微波辅助甲醇萃取法得率次之,微波辅助水萃取法得率最低。

③油茶粕渣活性成分提取

油茶粕渣除含有油脂外,还有蛋白质、多糖、茶皂素、单宁等物质,各成分和具体含量如表3-3所示:

表3-3 油茶粕渣主要化学成分及含量

成分	粗蛋白	粗脂肪	糖类	粗纤维	单宁	咖啡碱	茶皂素	水分	粗灰分
含量	15%	5%	40%	6%	2%	0.95%	10%~14%	14%	6%

·蛋白质

油茶粕渣中含有丰富的植物蛋白,且氨基酸比例平衡,是良好的蛋白质原料,可开发蛋白质添加剂或者动物蛋白替代品。利用碱溶酸沉法、水酶及酶前处理辅助法、超声及蒸汽爆破辅助法提取油茶粕渣中的蛋白,其提取率分别为58.74%、80.83%、90.64%,可根据实际情况选择合适的提取方法。

·多糖

多糖是油茶粕渣中的主要成分,油茶粕渣多糖可通过清除自由基、减轻自由基带来的损害、提高机体抗氧化酶活性的途径起到降血糖的作用。此外,多糖可提高免疫力、抗衰老、抗肿瘤,同时具有吸收快、代谢彻底、几乎不具有毒副作用的特点，可通过溶剂提取法、酶提取法、超声提取法和微波提取法等方式提取油茶粕渣中的多糖。

·茶皂素

油茶粕渣含有10%~14%的茶皂素。国家标准以茶皂素作为指标对油茶粕渣进行分级，并规定以80%乙醇作为浸提剂，采用回流提取法提取茶皂素。目前油茶粕渣中茶皂素的提取通常采用乙醇溶液或者水作为提取剂，再以国标为基础对方法进行改进。

·多酚

油茶粕渣富含多酚类化合物等活性成分，其提取工艺各异。油茶多酚是一种多羟基化合物，具有一定酸性，强光照射下易变质。油茶多酚对脑损伤有良好保护作用，可清除自由基、抑制脂质过氧化、增强其他抗氧化剂效果，还能调节食用者体内自由基代谢平衡，预防相关疾病的发生。

（2）功能性产品开发

①油茶果壳功能性产品开发

·复配填料

以含水率低于10%的油茶果壳为原材料，经过一定程度粉碎，再与其他生物质材料、多种功能试剂，包括增稠剂、保湿剂、阻燃剂等，通过不同比例复配，制备油茶果壳多功能木材胶黏剂添加剂，代替传统使用的面粉，用于脲醛树脂、酚醛树脂和三聚氰胺树脂胶黏剂的增稠增黏，游离甲醛吸附，应用于多层实木地板基材、生态板材、建筑模板等市场。

·活性炭

油茶果壳中木质素含量较高，富含孔径2~20纳米的中孔，是制备活性炭的理想材料，广泛用于制药、环保、食品、国防、轻纺、化工等领域。以油茶果壳为原料制备的活性炭在油烟吸附、水体净化、化学吸附方面有良好的效果；油茶果壳活性炭还可作为超级电容器正极材料，如锂离子电池正极材料，并在250次循环后几乎100%保持原有电流密度。

· 培养基

油茶果壳含有的木质素、糖类、茶皂素、灰分等物质，可被食用菌吸收利用，将油茶果壳粉末部分代替棉籽壳作为培养基来栽培香菇、平菇、金针菇、猴头菇、黑木耳和凤尾菇等食用菌，栽培出的食用菌在质量和产量上有一定的提高。

· 有机肥料

与鸡粪中有机物含量相比，油茶果壳中有机物含量是其两倍，可以通过堆肥发酵将油茶果壳制成一种高效有机肥，提高作物产量和品质。将油茶果壳发酵成有机肥，不仅能提高土壤营养水平、改善土壤，而且可以解决化肥使用所带来的问题，以及解决可再生资源的再利用问题。

· 生物油

油茶果壳作为农业废弃物，每年产量超过300万吨，且木质纤维含量丰富，是能源化的良好原料。利用微波装置对油茶果壳进行热解，在最佳工艺下，生物油最高产率达27.45%，且主要成分为酚（34.59%~42.63%）、酮（14.69%~20.45%）、醛、有机酸和醇。虽然油茶果壳热解产生的生物油与稻草产生的生物油相似，但其生物油中的糠醛与酚的含量比稻草生物油高，适用于工业生产，且有机酸含量更低，使油茶果壳生物油比稻草生物油具有更低的酸值，生物油的稳定性和品质更高。

· 生物乙醇

油茶果壳中成分组成主要为木质素、半纤维素和纤维素，这是其可用于制备生物乙醇的优势。将油茶果壳磨碎并用碱处理，再用纤维素酶对固体部分进行水解以产生单糖，随后用毕赤酵母发酵生产乙醇，获得的乙醇产率较高，可达80.90%，而未被水解的木质素在碱性条件下用氧化铜催化生成香兰素，使其价值最大化。用油茶果壳作为生产乙醇的原料，其成本低于用粮食发酵生产乙醇，这是其优势，虽然已有不少关于用生物质制备乙醇的研究，但其生产还未实现大规模工业化。

②油茶籽壳功能性产品开发

·活性炭

油茶籽壳中木质素含量较高，是开发活性炭产品的合适资源。以油茶籽壳为原料，选择磷酸为活化剂制备活性炭，活性炭产品的亚甲基蓝吸附值和碘吸附值较高，两项指标均达到木质净水用活性炭的优级品要求。因此，油茶籽壳可用于制备处理废水的活性炭及吸附重金属等污染物的活性炭。

·生物燃料

油茶籽壳作为生物质材料，可通过热解过程转化为生物炭、生物油（重焦油和轻液体）和燃料气三个阶段的产物。油茶籽壳与其他材料共同热解可以提高其能量密度，油茶籽壳与煤共热解时会产生协同效应，降低热解活化能，提升传热效率。

·电极材料

电极材料是电化学常用的分析材料之一。利用氯化钾和氯化钙的混合熔融盐对油茶籽壳进行电化学阴极极化处理，制备了绳状多孔炭，这种碳纳米材料具有良好的层状结构、较高的能量密度、优异的倍率性能和稳定的循环使用性能，具备作为超级电容器电极材料的潜力。

③油茶粕渣功能性产品开发

·有机肥料

油茶粕渣中富含多糖、茶皂素和蛋白质，可制备有机肥料。将油茶粕渣粉碎，并进行一定规格的筛选，然后将筛选后的材料放在热水中浸泡一段时间，过滤去除水分，再进行发酵，发酵过程中需要定期加入适量蒸馏水，发酵至原料无异味。在农业生产中，可将制备的油茶粕渣有机肥与生物炭进行混合使用，从而提升土壤肥力和透气性。

·禽畜饲料

油茶粕渣中粗蛋白含量为15%，含有17种氨基酸成分，是一种营养价值较高的重要的潜在蛋白饲料原料。采用常压室温等离子体诱变和高通量筛选技术选育，具有高效降解茶皂素的优良微生物菌株，对经过精深加工脱去茶皂素等成分的油茶粕渣进行发酵,分解其中残留的少量茶皂素;发酵能产生良好的风味成分、增加易吸收的小分子肽含量,提高油茶粕渣的适口性和饲料的生物利用度,生产高附加值禽畜饲料。

3. 建议

油茶是我国中南地区广泛种植的木本油料作物,每年被废弃的油茶加工副产物总量巨大,如不对其进行合理利用将对环境造成污染,并且造成资源浪费。目前,油茶加工副产物的综合利用主要包括活性成分的提取和功能性产品的开发。活性成分的提取,在实验室研究得较多,真正落地工业化生产的较少,且提取方法较为传统,所用的酸、碱、醇等溶液对环境影响较大。要加大离子液体、泡沫分馏技术以及生物催化转化技术在油茶加工副产物活性成分提取中的应用,并且考虑环保、成本、效率等因素。油茶副产物功能性产品的开发目前还处于初级阶段,主要还是集中在肥料和燃料上,高科技、高性能及高附加值的产品还未进行产业化开发,且油茶加工副产物季节性问题比较突出,产出时间相对固定,对油茶加工副产物的收集、运输和储存要求较高,需要建立一个完善的上下游产业链,使油茶加工副产物在有效时间内得到高效的利用。

未来油茶加工副产物的高附加值利用需要充分利用其丰富的化学成分及含量特征,实施定向转化,并根据市场需求,开发不同的功能性产品。充分利用其天然生物质材料的特性,在精细化工、碳基材料、生物质能源、有机肥料、禽畜饲料、医疗保健用品等领域提取或开发高附加值产品,提高油茶加工副产物的利用价值,完善及延长油茶加工全产业链。

三、油茶精准营养与个性化定制技术

油茶精准营养,又称油茶个体化营养,指人们在选择油茶产品或进行油茶营养干预时,将自己视作人和微生物的超级共生体,通过基于个性化的营养支持来优化健康或预防、管理、治疗疾病。

个性化定制技术是在新的市场环境中,企业为了满足个体化的独特需求而开展的服务技术。目前在油茶产业科技发展中还没有个性化定制技术,可以参考食品个性化定制技术，如3D打印技术、人工智能技术、食品新生产技术等。个性化定制技术又分为特殊环境食品加工技术和特殊医学用途食品创制技术。

（一）特殊环境食品加工技术

1. 特殊环境食品研究现状

人们需要维持生长发育和正常生理机能的营养能量，并且许多人从事着特殊的职业，在特殊的环境下工作，更需要适宜的营养素。为了保证特殊环境（如高温、低温、高压、低压、噪声、振动、电离辐射、有害气体或激烈运动等）下人们能维持健康和良好的生理机能，必须要健康饮食，精准饮食，为此，越来越多的人需要个性化定制食品。

研究表明，在高温条件下，需要大量出汗，随汗排出了大量的水溶性营养素（氮、氨基酸、维生素和无机盐等），还会发生钾负平衡，如果按照正常条件供给营养素，会导致核黄素缺乏症。在电离辐射作用下，体内蛋白质分解代谢增强，尿液中氨基酸排出量增加，体内抗坏血酸量减少，如果营养不良，会导致对电离辐射敏感性增加，因此，在电离辐射作用下，要考虑充足的能量的供给。在高压环境下，机体需要消耗身体内部一部分脂肪来维持能量，因此，高压条件下需要供给油脂多一些。在有害气体环境下，营养不良，会促使机体对毒物的敏感性增加，维生素的摄入，可以减少有害气体对机体的伤害。在噪声环境下，机体食欲缺乏、摄食量减少，进而影响机体对营养素的代谢，因此在噪声条件下供给维生素对听力有一定的防护作用。在精神紧张条件下，机体基础代谢能力增强，及时补给氨基酸、维生素，可以增强体力活动与舒缓紧张脑力活动。在剧烈运动条件下，消耗大量的能量，因此，从事激烈运动的运动员，供给热量要与运动负荷量保持一致，要实行营养平衡。在各种特殊环境下，环境对机体营养代谢都有一定的影响，如果按照特殊环境下代谢变化供给适宜的膳食营养，就可以增强机体对这些特殊环境的适应能力，或者减少这些环境条件对机体的损伤。

2.存在问题分析

中国居民平衡膳食宝塔图描述了平衡膳食的结构,宝塔共分5层,各层面积大小不同,体现了5大类食物和食物量的多少。5大类食物包括谷薯类、蔬菜水果、畜禽鱼蛋奶类、大豆和坚果类以及烹调用油盐。油脂是日常生活中不可缺少的组成部分。如何定制特殊环境下的个性化食品——油茶,目前,仅仅是产业的概念。基于油茶的多种食用价值,可以以维生素、矿物质及动植物提取物等为主要原料,添加茶油或油茶提取物,开发针对特定环境下人群的具有平衡营养摄取、调节机体功能作用的营养健康产品,补充人体必需的营养素和生物活性物质。

3.建议

可以从以下四个方面着手定制特殊环境油茶精准(个性化)营养产品:

(1)评估:确定特殊环境人群定量与定性的输入,包括饮食、行为、症状、基因组、生化检测。对特殊环境人群的评估所涉及的维度包括身体特征及生活方式、生物标志物、遗传学及肠道微生物组。(2)解释:根据个性化营养的科学和数据的说明解释。(3)干预:个性化营养的指导与治疗。具体措施有饮食改变、有针对性地补充营养品、管理生活方式以及与饮食相关的行为,如管理饮食时间、饮食环境、食物选择、食物储存和食物制备。(4)监测与评价:持续地监测与反馈,以完善干预策略。

根据以上四个方面的结果,提供特殊环境油茶精准营养补充剂、推荐健身和生活方式的行动计划等。通过油茶精准营养解决方案,特殊环境人群将获得健康益处。

(二)特殊医学用途食品创制技术

1.特殊医学用途食品研究现状

我国油茶资源占世界油茶资源的95%。近年来,作为高档食用油的茶油,其市场前景好,综合加工利用前途广阔。油茶果不仅能生产出纯天然绿色保健的高档食用油,还是食品、制药、化工行业的重要优质原料。茶油的单不饱和脂肪酸含量高达90%,远远高于菜籽油、花生油和豆油,与橄榄油相比,维生素E含量高一倍，并含有山茶苷等特定生物活性物质，具有极高的营养价值。油茶粕中也含有丰富的生物活性物质，如其所含的茶皂素具有抑菌和抗氧化作用。研究表明茶油富含皂苷类、黄酮类、多不饱和脂肪酸、鞣质类等成分，具有多种药理活性，包括抗菌、抗肿瘤、抗炎、调节血脂、调节血糖、护胃等。目前，油茶特殊医学用途食品创制技术主要有以下方向：

（1）茶油保健食品开发

以茶油为原料，选择其他药食同源物质与其配伍以协同增强对人体的保健作用，转化生产出性能优异的油茶功能产品。目前主要的研究产品有：

·护胃茶油凝胶糖果

筛选出以药食同源中药物质及茶油等为主要成分的组合物，开发一款具有辅助保护胃黏膜作用的凝胶糖果。前期实验结果表明：产品对高浓度酒精致急性胃损伤的保护作用效果非常明显。

·抗疲劳西洋参茶油软胶囊

以西洋参提取物等为主要功能成分，与茶油形成混悬物制备软胶囊，开发一款具有抗疲劳、调节免疫力作用的功能食品。

·缓解视疲劳石斛茶油软胶囊

以铁皮石斛等物质提取物和茶油等组成的混悬物制成软胶囊，开发一款具有缓解视疲劳作用的功能食品。

·降血脂月见草茶油软胶囊

以月见草油及茶油等中药油脂中的有效成分为主要内容物制备软胶囊，开发一款具有辅助降血脂作用的保健食品。

（2）以油茶粕/茶壳功能成分为主的食品开发

油茶粕是油茶的副产品，其富含多种生物活性物质。目前，以油茶粕/茶壳功能成分为主的食品开发主要有：

·油茶枯饼多糖的开发及其用于肠道炎症的治疗

经过检测，油茶茶枯饼多糖是一种酸性糖蛋白，主要由鼠李糖（Rha）、阿拉伯糖（Ara）、半乳糖（Gal）、葡萄糖（Glc）、木糖（Xyl）、甘露糖（Man）和半乳糖醛酸(Gal-UA)组成。前期实验发现在肠道炎症模型中,使用油茶茶枯饼多糖后能够降低炎症细胞因子的表达,增加与肠道屏障功能相关分子。这提示油茶枯饼多糖具有良好的抗氧化和抗炎症作用,并且可以增强肠道上皮屏障,从而减轻肠道炎症。因此,油茶茶枯饼多糖可用于肠道炎症的治疗。目前基于茶枯饼多糖作用于肠道炎症的治疗药物、保健品或食品有望在市场出现。

·油茶粕蛋白与多肽抗动脉粥样硬化食品开发

近年来,大量研究提示心脑血管疾病风险因素在全球范围内呈现暴发状态,一级预防是最好的方法。尽管药物治疗和手术、器械辅助治疗取得了很大成效,但仍未能有效地预防、控制、逆转动脉粥样硬化(AS)的进程,还需不断开辟新的治疗途径。研究结果表明多肽能明显减轻动脉粥样硬化小鼠的血脂水平及主动脉斑块沉积,并且具有量效关系,体外实验也表明多肽具有相关效果,口服给药途径及多肽的安全性将提示油茶粕多肽是抗AS药物的重要补充。开展油茶粕蛋白及多肽的提纯技术研究、生物活性研究及开发相关产品具有重要的现实意义与经济价值。

2. 存在问题分析

目前对茶油、茶枯饼、油茶壳等产品进行了系统研究及产品开发,部分功能产品已取得非常好的效果,但仍存在一些问题:

①对利用油茶具有特殊医学用途的化学物质创制的功能食品用于预防和治疗相关疾病的作用机制做了初步探究,其深层次的机理还需要进一步研究,而目前尚没有这方面的重大科技课题进行科研支撑。

②油茶特殊医学用途食品创制技术产业化也存在一定难点:如何实现从小试到中试,再到产品上市?此过程中缺乏大型油茶功能产品开发龙头企业来承接相关产品的转化。

3. 建议

建议相关主管职能部门能够就油茶精深加工方向设立攻关指南,加大科研经费投入与保障力度,推动科研成果顺利落地。

第二节　油茶营养健康新产品分析

一、茶油类新产品

茶油中不饱和脂肪酸含量超过90%，其脂肪伴随物含丰富的山茶皂苷、维生素E和植物甾醇等生物活性物质，是优质的食用油。近年来通过茶油的脂质组学和功能因子及作用机制研究，以及制备工艺优化，开发了系列新产品。

（一）低营养损失类产品

在传统食用油领域，主要通过精制工艺调整，兼顾茶油食用安全和营养保留，采用适度精炼工艺，制备富营养茶油产品。相比传统制油工艺，维生素E、β-谷甾醇、角鲨烯和多酚微营养成分保留提高20%以上。产品风味可以分为具有强烈茶油特殊香味的浓香型和接近无味的清香型。

（二）营养增强类产品

基于茶油中功能活性成分的作用机制，针对不同慢性病人适宜摄入脂肪酸比例特殊要求，应用数学模型进行产品配方设计，通过回添或复配，增加茶油产品中的功能活性成分，根据营养功能评价开发具有特殊功能的保健类产品。以茶油为基底，通过回添从茶油加工副产物中制取的植物甾醇和皂苷等，使得产品具有较好的降血压效果；茶油和有机锗复配产品具有良好的抗疲劳作用；应用Anaconda数学软件建立模型，通过调整茶油产品中脂肪酸、生育酚、甾醇、角鲨烯等配比，进行婴幼儿专用油、孕妇专用油和老年人专用油配方设计，产品氧化稳定性和适用性均有显著提高。

（三）化妆品基础油及相关产品

基于茶油对皮肤无刺激，对皮肤的亲和性好、渗透性强等特点，通过复合脱色技术，制备化妆品基础油，并制备润肤霜、护肤膏、护发素等，还可用于香皂、沐浴油等系列产品。

（四）不同剂型的茶油产品

通过混合、乳化、均质以及成型等工艺，把茶油制备成微胶囊或胶囊产品，增加茶油使用的便捷性，同时增加其氧化稳定性和消化吸收率。

针对不同人群的身体特征和饮食习惯，进行不同功能属性茶油产品的精准设计和生产，是未来茶油食品开发的有效保障。

二、油茶副产物类新产品

（一）油田专用改性茶皂素泡沫剂

以油茶皂素为原料，通过化学改性，制备V型表面活性剂，比如应用制剂学原理，经优化、复合制成环保型绿色油田泡沫剂。本产品主要用于三次采油中的泡沫驱采油，能提高石油采收率20%以上，还可用于油田的泡沫酸化、泡沫钻井、泡沫洗井、调剖堵水、泡沫排水采气等作业，能够大幅度提高原油采收率，显著提高耐温和泡沫稳定性。

（二）无醛木材胶黏剂

利用油茶饼渣蛋白高分子聚合物的特性，开发高性能油茶饼渣基木材胶黏剂。该产品除在环保性能方面显著优于脲醛树脂外，其生产成本和产品使用性能也具备与脲醛树脂竞争的实力。

（三）油茶皂素结构修饰型引气剂

油茶皂素经碱水解后，经三苯基氯甲烷与伯羟基结合后，在甲酸作用下脱去三苯基甲烷，保留一个自由羟基。产物经过加氢还原，得到定向结合的目标化合物油茶皂苷与蔗糖的结合体。该产物一端为多糖亲水基，另一端为蔗糖亲水基，中间为亲油性的配体，可形成表面活性剂结构。该引气剂与羧酸系高性能碱水剂相溶性好，用于混凝土工程具有发泡率高，泡沫稳定持久，抗冻、抗折强度和抗盐冻剥蚀性好等特点。

第三节　油茶功效研究进展

茶油主要由甘油三酯和不皂化物等组成，其中不饱和脂肪酸是茶油的主要成分，单不饱和脂肪酸油酸含量最高（75.97%～79.49%）。不饱和脂肪酸、角鲨烯和甾醇等不皂化物对人体有益。

一、抗氧化的功能

茶油中的主要功能活性成分在各种细胞和动物模型中所具有的抗氧化和抗炎作用是发挥各种药理作用的根本机制。茶油中的主要成分如不饱和脂肪酸、茶多酚和角鲨烯等可消除氧自由基，抑制脂质过氧化物MDA，并增强氧化还原酶的活性。富含茶油的饮食干预可降低女性血液中高胆固醇氧化应激标志物，包括降低MDA含量。

二、预防心血管疾病功能

以高脂饲料喂养的小鼠为模型，通过喂食茶油可以降低小鼠体重和肝脏脂肪积累，并调节小鼠的肠道微生物菌群，增加血液中的高密度脂蛋白和降低低密度脂蛋白水平。通过喂食茶油可以让高脂小鼠抵抗肥胖，降低血糖和动脉粥样硬化指数，减轻脂肪肝炎症，推测可能是通过改善小鼠肠道菌群引起的良性反应。

三、延缓衰老的作用

应用喂食实验探究了茶油对果蝇生长发育及寿命等的影响。茶油组的果蝇平均寿命最长（33.4天），相对基础饲料组（32.4天）提高了3.09%；茶油喂养的果蝇生长发育速度最为缓慢，并且平均体重较轻。相比茶油组果蝇体内MDA含量和抗氧化损伤程度，基础饲料组和橄榄油组，氧化应激影响较重。

四、抗炎作用

应用三臂双盲实验验证不同饮食模式对人血液中炎症因子的影响。在茶油的干预下白介素-6显示出轻度下降,白介素-8水平显著下降,肿瘤坏死因子和试验初期比呈明显下降趋势,下降幅度50%。

油茶产业典型发展模式与代表性企业分析

第一节 典型区域发展情况

一、湖南

（一）政策资金支持

湖南省政府先后出台《关于发展油茶产业的意见》《关于深入推进农业"百千万"工程促进产业兴旺的意见》，将油茶确定为实施乡村振兴战略的六个千亿产业之一。2021年7月，湖南省政府办公厅印发《湖南省财政支持油茶产业高质量发展若干政策措施》，从油茶林提质增效、科技研发、品牌建设等8个方面出台18条具体措施对油茶产业给予全方位支持。2018年起，湖南省财政油茶产业发展专项资金增加至1亿元，支持环节从油茶基地建设扩大到茶油加工、收储交易中心、惠农担–油茶贷贴息贴保等方面。

（二）原料基地建设

自2008年以来，以每年新造50万亩、低改抚育100万亩的速度推进油茶资源培育，至2020年，湖南省123个县（市、区）中，117个县（市、区）有规模油茶林分布，其中，油茶林面积5万亩以上的有78个，10万亩以上的有55个。湖南省大力支持24个油茶产业发展核心县、63个重点县，创建了衡阳、永州2个全国油茶产业发展示范市。通过实施"百千万"工程，依托油茶龙头企业，整合资源，推进适度规模经营，打造了52个现代油茶综合（特色）产业园，并以此辐射带动，形成了衡阳、永州、湘东、湘南、湘西、湘北、湘中等7个区域油茶产业集群。

（三）精深加工

湖南省现有国家林业重点龙头企业6家，省级林业龙头企业159家，小微企业及小作坊4000多家，年加工能力60多万吨。培育了一批骨干龙头企业，大三湘、新金浩、山润、神农国油等企业成为行业领军者，湘纯、新金浩等16家企业入选中国油茶产业"百强企业"。在全国油茶产业发展示范市衡阳市，涌现出如神农国油、金昌生物、万象生物等一批企业，利用茶油及副产物加工食品、保健品、护肤品等衍生产品，把油茶产业建设成链条完整、竞争能力较强的大产业。2020—2022年重点依托龙头企业，在湖南省范围内支持建设了油茶果初加工与茶籽仓储交易中心23个，每个中心日处理油茶鲜果100吨以上，干茶籽仓容1000吨以上，应对油茶鲜果采后集中处理问题。茶油小作坊升级改造三年行动有序推进，已支持400个茶油小作坊升级改造，生产工艺和质量水平不断提升。

（四）品牌建设

初步形成以"湖南茶油"公用品牌为引领，集地方区域特色品牌、企业知名品牌为一体的茶油品牌体系。打造了"湖南茶油"公用品牌。2018年起，湖南省政府将"湖南茶油"作为首批省级农业公用品牌重点打造，目前湖南省共有36家企业的77款产品获使用授权。开展茶油质量检测，实施动态管理。同步推进线上线下宣传营销，"湖南茶油"先后获"中国粮油十大影响力公共品牌"和"中国木本油料影响力区域公用品牌"称号，入选"2022中国区域农业产业品牌影响力指数TOP100"，为全国油茶行业唯一的入选品牌。打造了区域特色品牌。湖南省油茶产业现有中国地理标志证明商标7个、国家地理标志保护产品4个，涌现出"邵阳茶油""耒阳油茶""攸县茶油""津市茶油""鼎城茶油"等县域品牌。培育了企业品牌。大三湘、山润、贵太太、神农国油等4家企业入选中国茶油"十大知名品牌"。茶油及其衍生产品远销日本、韩国及欧洲、北美等地。

（五）产业融合发展

油茶上下游产业链条逐步完善，绿林海、农友集团、丰科装备等一批企业投入油茶专用有机肥、油茶机械装备生产。油茶产业服务等第三产业发展活跃。中部林权交易中心探索油茶林再流转与交易服务，怀化市、株洲市等地培育了一批油茶专业生产服务队伍。油茶产业融合步伐不断加快，湘西州探索"油茶+林下经济"模式，与湘西黛帕合作套种迷迭香5000亩以上，实现了以耕代抚，以短养长。常宁"油茶小镇"入选省首批十个农业特色小镇，发展油茶林下养殖，形成"统一供苗、统一防疫、统一配料、统一标准回收"的"茶山飞鸡"产业链。永州祁阳市三口塘镇唐家山油茶文化园成功创建国家3A级景区。

（六）科技创新与产业支撑

湖南省拥有湖南省林业科学院、中南林业科技大学等实力雄厚的油茶科技创新团队，国家油茶工程技术研究中心、中国油茶科创谷、木本油料资源利用国家重点实验室等重大科研平台相继落户湖南，岳麓山油茶种业创新中心建设持续推进，湖南油茶科研领跑全国。中南林业科技大学创制的自走式油茶果采收机系列产品进入产业化阶段，油茶采摘机械研究填补了国内空白，解决了茶果采摘完全依靠人工的难题；"湘林系列"油茶种子搭乘"神舟十四号""神舟十五号"航天飞船进入太空。构建了省、市、县三级技术支撑与培训体系，成立了"两个三年行动"科技支撑团队，运用传统方式与新媒体相结合的模式促进各项实用技术的推广与应用。

（七）社会服务组织

2013年6月28日，成立湖南省油茶产业协会，支撑服务湖南油茶千亿产业健康持续发展。该协会是由湖南省范围内从事油茶产业及与油茶产业有关的种苗、生产、加工、流通、教学、科研、消费等领域的法人和自然人自愿联合组成的跨地区、跨部门、非营利性行业性社会团体，具有独立的法人资格。其主要业务范围为：维护会员的合法权益，加强从事油茶生产经营者的协作，及时向政府主管部门反映他们的意见和要求；向政府部门提出制订行业发展规划、技术经济政策，立法及制订行业标准等方面的建议；组织有关油茶生产经营的专题调查研究、学术交流和考察活动；加强油茶生产行业单位之间、部门之间的沟通和交流，促进横向联合；搭建平台，培育油茶产品市场，加强油茶文化宣传，壮大油茶产业经济；加强与省内外有关民间社团组织的联系，推动经济技术合作和人员来往，积极为引进先进技术、资金牵线搭桥；组织行业培训、技术咨询、信息交流、会展招商及产品宣传推介等活动。

二、江西

（一）原料基地建设

江西省是油茶主产区，在全国地位仅次于湖南，总面积和年产油量均居全国第二位，全国油茶最适宜栽培区包括8省（区）的292个县（市、区）的丘陵山区，江西省11个地（市）的100个县（市、区）均为最适宜栽培区，占总区域的30%以上。2020年油茶林总面积约103.33万公顷，年产茶油11万吨以上，综合产值416亿元。

江西省300余个乡镇种有万亩以上油茶林，其中宜春市是江西省最大的油茶种植区之一，其中袁州区以82.3万亩的种植量占据了全省种植总面积的7.3%。此外，丰城、遂川与上饶的种植面积也已超过50万亩，另有6个县区的种植面积达到了25万至50万亩，35个县区的种植面积达到10万至25万亩。就乡镇和村级单位而言，江西省50%的村级单位种有油茶，其中，400个村子的种植面积已超过5000亩，近1700个村子的种植面积超过了2000亩。湖村乡作为全省油茶种植量最大的乡镇，其种植总面积已超过10万亩，另有39个乡镇种植面积超过了5万亩。

江西的宜春、新余、抚州、吉安、上饶、赣州等地都是传统种植区，宜春市和赣州市为全国油茶产业发展示范市，袁州区、遂川县、上饶县、兴国县为"中国油茶之乡"，丰城市为"中国高产油茶之乡"，德兴市为"中国红花油茶之乡"。近年来，江西省财政每年拿出5000万元作为支持油茶产业发展基金，推广"统一规划、统一整地、统一购苗、统一栽种、分户管理"的"四统一分"模式，激发农民种植积极性。

2006年起，江西省开始实施油茶产业"1155"工程，即培养10个年产值过亿元的油茶龙头企业，带动1万个油茶专业大户，建成油茶丰产林基地500万亩，力争至2010年全省油茶产业年总产值达50亿元以上。2007年江西省利用省级林业发展专项资金，投资500万元用于油茶特色产业项目建设。2008年按新造油茶林14.7元/公顷，低产林改造5.3元/公顷的标准给予补助。2009年9月15

日，江西省43县（市、区）纳入国家油茶产业示范县建设。江西省政府2010年3月发布《关于加快油茶产业发展的意见》，编制《江西省2011—2020年油茶产业发展中长期规划》，明确了江西省油茶产业发展目标。

近年来，江西持续发展高产油茶林和改造低产油茶林，面临的问题是，不宜集中连片大面积种植，不能在25°以上坡地种油茶。

（二）精深加工

工业化加工始于20世纪90年代初，当时江西省仅有几家中小规模的油茶加工企业，如永丰绿海茶油、宜春的海天茶油等，2000年后，加工企业数量激增，仅江西油茶产业协会登记在册的83个会员企业中，有加工实体的会员企业达26家，产油量占商品茶油总量的70%，未在协会登记和正在新上油茶项目的企业约占30%。几乎每个县都有油茶加工企业，甚至一个县有4~5家加工油茶的企业，呈现出多、散、小的特点，至2008年，尚未形成油茶产业链。2010年江西省茶油总产量约6万吨，精炼总加工能力达12万吨，产能过剩严重。

规模很小但数量最多的茶油加工是农村作坊，用液压机压榨，一天约生产几百公斤毛茶油，消耗的油茶籽占江西油茶籽总量的85%以上，至2010年宜春市袁州区90%以上的油茶籽加工都是在小作坊完成的。2013年部分市区的加工工艺开始从传统作坊式土榨油向机榨和浸提方式转变，至2013年茶油产区还是以小作坊粗榨毛油为主，供自用或当地居民购买，小作坊每天约加工150千克毛油，少的一天只加工50千克毛油。

通常油茶生产企业的加工能力和生产模式是：日压榨10~50吨油茶籽的制油模式，日处理30~50吨茶饼浸出制取毛茶油模式，日精炼毛茶油2~10吨模式。大部分加工企业很少直接使用油茶籽压榨制油，一般都收购农村液压机榨油后的茶饼，用浸出法从茶饼中提取毛茶油，再精炼成一级茶油，或者是拥有浸出制油设备的加工厂直接收购毛茶油进行精炼。2010年江西省内油茶加工规模最大的企业，也是当时国内最大加工企业，是赣州的江西齐云山油茶科技有限公司，日烘干茶籽400吨，日处理茶饼200吨浸出制取毛茶油，日精炼毛茶油100吨。

2016年江西省油茶加工企业300家以上，其中规模以上油茶加工企业50多家，年茶油生产能力20多万吨。有江西春源绿色食品有限公司、江西青龙高科技股份有限公司、江西正邦林业开发有限公司等7家国家级油茶林业龙头企业，江西友尼宝农业科技股份有限公司、江西源森油茶科技股份有限公司2家油茶公司在新三板上市，宜春元博山茶油科技农业开发有限公司在英国伦敦证券交易所标准主板上市，拥有得尔乐、恩泉、源森、天玉等4个茶油中国驰名商标。规模以上的50多家企业中，实际加工茶油量为4万吨，大部分企业每年只能开工2~3个月，产能严重过剩。在所有的企业中，产品单一，对副产品的研究、开发和利用不足。

（三）社会服务组织

2005年4月江西省油茶产业协会在宜春市成立，2010年江西省合作社运作比较成功的有：宜春丰城白土镇岗霞村高产油茶专业合作社，赣南地区的兴国县红土地油茶专业合作社，崇义县杰坝传禄绿色油茶专业合作社，赣县茅店镇西坑明源油茶专业合作社等。

2016年国家林业重点龙头企业——正邦集团旗下的江西正邦林业开发有限公司实施"百万亩油茶种植工程"，其自主经营开发的油茶基地面积0.13万多公顷，通过技术、管理等入股方式，合作建设油茶林基地面积0.33万公顷，并计划在江西省发展10个重点油茶县，种植油茶林0.66万公顷，建设10个示范林场，通过"公司+农户""公司+种植大户""公司+合作社"联营联造的模式，提供油茶管理技术，带动3.6万户农民种植油茶3.3万公顷。

截至2015年3月末，江西省油茶产业贷款余额18.27亿元，其中种植基地建设贷款11.09亿元。2020年，江西省仅油茶种植和低产改良的资金需求就高达100亿元，急需搭建油茶产业融资平台，拓宽融资渠道，解决产业发展的资金问题。

三、广西

（一）发展概况

广西是全国油茶主产区之一，种植面积仅次于湖南、江西，排全国第三。广西地处低纬度，北回归线横贯中部，气候温暖，雨水丰沛，光照充足，雨热同季。年平均气温17.5~23.5℃，≥10℃积温5000~8300℃，年平均降水量1694.8毫米，年平均日照时数1540.4小时。气候条件与优质油茶生长要求的气候条件高度吻合。截至2022年，广西油茶种植面积发展到878.7万亩，年产茶籽50多万吨、茶油10万多吨，产业综合产值超过420亿元，位居全国前列。2019—2022年，自治区专项投入油茶新造林和低产林改造补助资金15.3亿多元。近年来，广西紧密围绕脱贫攻坚和乡村振兴，深入实施油茶千万亩面积、千亿元产值的"双千"计划，全力推动油茶产业高质量发展。"十三五"期间，广西共完成油茶新造林170多万亩、低产林改造150多万亩；2021—2022年，广西完成油茶新造林57万亩、低产林改造56万亩。

目前，广西全区已有14个市101个县有油茶分布，主要集中在百色、柳州、河池及贺州4市，其中种植面积大于0.67万公顷的县（区）有24个。广西油茶种质资源丰富，自然分布种类有普通油茶、小果油茶、广宁红花油茶、陆川油茶、博白大果油茶、宛田红花油茶、南荣油茶等。现有已通过国家或自治区林木良种审（认）定的油茶良种37个，主要推广良种18个，包括普通油茶岑软系列良种5个和香花油茶"义"系列良种13个，其中岑软2号、岑软3号、义禄、义臣4个良种入选最新一批全国油茶主推品种目录（共16个）。

在过去的脱贫攻坚战中，油茶树成为广西山区贫困群众的生态树和摇钱树，在山区群众就业增收、脱贫致富方面发挥了重要作用。今后，油茶产业将成为广西推进乡村振兴战略的支柱产业、美丽广西建设的新亮点及林业生态经济发展新的增长点。

（二）近年来取得的成效

为了推动油茶"双千"计划的高效实施，广西全面加大油茶研发和科技推广应用工作力度,大力推行油茶良种造林、大苗造林,从种苗到栽培实现了"大苗大坑精肥"的新进步,油茶种植全面实现良种率、大苗率两个100%。广西油茶"双千"计划新造林面积、低产林改造面积、油茶籽产量、油茶产业综合产值和示范林最高单产等连年创新高,古老的油茶在八桂大地焕发出蓬勃生机。

广西近年认定的"义"系列香花油茶良种具有生长快、抗性强、产量高等特点,适宜高温、干旱的气候环境,亩产油量超过100公斤。2016年至2021年,广西全区油茶产量测定林分鲜果产量提高了近3倍,6年来年均增长约31.6%。

得益于广西全面提出并实现新造林100%良种、100%使用2年生以上大苗、100%花果苗,大力推行"大苗大坑精肥"种植技术,油茶造林实现了高产、早产,推动油茶经营由粗放化向精细化转变。油茶"双千"计划实施以来,至2022年底,全区累计新造油茶林202万亩、改造低产林180万亩,2018—2022年5年的油茶新增面积比之前20年的新增面积还多。

广西全区还推行"公司+合作社+农户"、村级集体经济发展模式,创建规模化种植、标准化生产、集约化经营、融合化发展的"高产高效"示范基地420多个共30多万亩。积极探索"一亩山万元钱"专项行动,推广油茶复合经营模式,采取油茶林下种植中草药等,实现主导产业多次增值、多重收益。全面推行专业化托管服务,13家自治区直属国有林场每个建立1000亩以上油茶低产林改造托管服务示范基地,带动农民群众搞油茶低改。

1. 低产低效林向规模化、集约化经营转变

广西现有的油茶林中,70%以上是老幼低产林,其中约有30%是新中国成立初期种植的老龄林,其余部分非良种普通油茶居多,品种杂乱,疏于管理,导致林分过密、灌杂丛生、退化严重,病虫害较多,产量较低。此外,广西油茶林主要由农户分散经营,管理粗放,组织化、集约化程度低。许多油茶林处于半野生状态,群众对油茶种植不投入、不施肥、不垦复、不管理。

当前,有部分油茶企业和造林大户正在推动油茶种植基地规模化、标准化,由单一种植向复合经营转变,经营主体由单一向多元化转变,经营方式也由分散经营向集约化经营转变。目前,广西全区3万公顷油茶高产高效示范林由300余家企业或合作社种植管护。百色市70%油茶林由龙头企业、合作社或造林大户等新型经营主体种植。

2. 精深加工水平由低向标准化、产业化发展

长期以来，广西茶油加工以小作坊为主，小作坊超过900家，其压榨茶籽量占总量的46%，均采用土榨法制油，出油率低、杂质多。加工企业仅110家，其中加工能力1000吨以上的13家，品种少、价值低、链条短，且以加工低端毛油为主，缺乏高端用油，更缺乏茶籽综合利用精深加工系列产品。

目前越来越多的投资者开始关注油茶行业，还有跨界进军油茶行业的。如：广西长江天成投资集团作为百色市最大的房地产企业，自2016年起投资6亿元发展油茶产业，建成年产2000吨的高端营养山茶油及其副产品加工生产线和相关配套设施；防城港澳加粮油有限工业公司作为大型粮油加工企业，从传统的大豆油、菜籽油加工转向茶油精深加工，培育成"九龙桂"品牌系列山茶油，采取"公司+基地+合作社+农户"经营模式，着手建设油茶基地。

四、安徽

（一）发展栽培历史

安徽省是我国油茶生产重点省份之一，油茶是安徽省森林资源的重要组成部分。安徽省油茶主要栽培区域为皖南山区、大别山区和江淮丘陵部分地区，其中大别山区和江淮丘陵区是油茶分布的北缘。区内油茶栽培历史悠久，具有广泛的群众基础。1949年以前安徽省油茶林栽培面积27万亩左右，以六安、徽州两地区为主，20世纪50年代，油茶开始在安徽省发展，当时歙县建有万亩油茶特种经济林场，70年代中期木本油料生产进入高潮，经历了50年代和70年代两次快速发展时期，油茶栽培面积曾突破100万亩。到了80年代以后，油茶栽培一直处于低谷状态，由于单位面积产量低，效益差，许多地方油茶林被毁，油茶面积不断减少，各地的油茶加工企业也纷纷停产，到90年代末，安徽省油茶林面积降到40万亩以下。

（二）发展概况

2000年至今，国家层面陆续出台《关于促进油茶生产发展的意见》等政策性文件，安徽省委、省政府高度重视，站在脱贫攻坚、乡村振兴和保障国家油料安全的战略高度，鼓励各地大力发展油茶等油料作物，安徽省木本油料产业迎来新的发展机遇期。特别是近十年，累计投入财政资金10亿多元，引入社会资本近百亿元，发展木本油料林250多万亩。截至2021年底，全省木本油料种植总面积达到405万亩，年产干籽16.7万吨，年综合产值200亿元。其中，油茶240万亩，年产干籽12.9万吨，年产茶油2.5万吨，年综合产值98.9亿元。

1. 发展油茶的认识不断提高，投入加大

油茶巨大的市场空间已引起了安徽省各级政府、社会各界的高度重视。2007年制定了《安徽省油茶中长期发展规划》，2009年省政府又出台了《关于加快油茶产业发展的意见》。财政上，2009年国家和省级投入1000万元以上加强油茶良种和基地建设。各地对油茶发展也十分重视：黄山市、六安市以及太湖县、潜山市、霍山县等地都做了油茶发展规划，列入本地区经济发展总体规划；舒城县、太湖县等地出台了《加快油茶发展意见》；舒城、金寨、休宁、徽州等地成立了油茶产业领导小组，对油茶产业发展给予政策倾斜和资金支持，每年从地方财政列出专项资金发展油茶。如太湖县规定，新造一亩油茶补助200元，低改一亩补助100元。现安徽省油茶产区群众、造林大户发展油茶的积极性非常高涨，新的油茶热开始显现，并且规模还在不断递增。

2. 油茶良种选育和繁育基地建设初见成效

自1999年起，安徽省开展了油茶良种选育研究。经过不断筛选，初步选育出黄山1~5号、大别山1~4号、金引系列等油茶优良品种（品系），通过了省林木品种审定委员会的审（认）定。目前安徽省林业科学研究院、安徽农业大学、歙县特种经济林场、安徽德昌良种苗木有限公司等单位正在进一步开展油茶优良新品种选育。

为适应油茶发展对良种苗木的需求，安徽省先后于江北和江南建立了6家有一定规模的油茶种苗繁育基地，如安徽德昌苗木有限公司、太湖县华源农产品科技开发有限责任公司、黄山市三友农林合作社有限公司及黄山市林业科学研究所等，基地规模近千亩，为安徽省油茶产业的快速发展提供了充足的良种苗木。

3. 油茶产业链不断完善

安徽省目前已初步形成一条从科研、生产、加工到销售的较完整油茶产业链。科研机构有安徽省林业科学研究院、安徽农业大学等。安徽省林业科学研究院先后承担了国家"十一五"科技支撑计划、安徽省科技攻关油茶项目多项，紧密结合安徽省油茶产业链生产实际情况，指导基地具体实施。油茶良种选育不断深入，育苗技术基本成熟，特别是油茶轻基质胚芽嫁接育苗技术在全国处于领先水平，低改技术正在推广。油茶加工企业都能严格按照国家标准规范生产，茶枯等副产物提取利用正在积极探索。

4. 初步涌现出一批龙头企业

安徽省已初步涌现一批信誉高、实力较强、规模较大、管理较先进的油茶龙头企业。目前有国家级龙头企业1家，国家经济林产业化龙头企业1家，省级龙头企业2家，市级龙头企业4家，省级著名商标3个，先进工艺和先进技术项目4项。龙头企业的有力带动、著名商标的影响、先进工艺及技术的支撑有力地推动了安徽省油茶产业的发展。

（三）社会服务组织

2003年3月，安徽省油茶产业协会在合肥成立，也是全国油茶产业成立的首家油茶产业协会。安徽油茶产业协会的成立为全国油茶产业发展开辟了先河，更是极大地推动了安徽油茶产业的发展。在安徽油茶产业协会强有力的技术指导下，安徽油茶产业迅速发展。至今安徽油茶产业在全国油茶产业界中也是名列前位。

五、海南

（一）发展概况

海南岛油茶的发展，主要经历了三个阶段：1960—1980年，在"农业学大寨"运动的推动下，油茶作为主要经济作物由政府主导，在海南岛中部以及北部的山区大量种植，据估计全省油茶种植面积达到数十万亩。与此同时，海南岛的油茶加工业也得到发展，部分市、县的乡镇建立了油茶籽加工点。1980—1990年，由于油茶产量低、效益差，大量油茶树被砍伐，改种橡胶和槟榔。近年来，由于天然橡胶价格持续下跌，以及槟榔树受到黄化病的困扰，许多胶农和槟榔种植户改种油茶，引起新一轮的油茶种植热潮。截至2015年底，海南全省油茶种植面积达到6万多亩，主要分布在琼海、屯昌、澄迈、五指山、琼中、定安、海口等7个市县。全省成立油茶合作社10个，种植大户383个，2015年茶籽产量486.3吨，山柚油（茶油在海南被称为山柚油）产量80多吨。

2010年海南省启动油茶种质资源调查和良种选育工作。中国林科院亚热带林业研究所、中国热带农业科学院、海南大学、海南省农业科学院、中南林业科技大学、海南省林业科学研究所等单位先后在海南各地开展油茶树遗传资源调查和优良品种选育工作，共选出70多株优良母树，并对其生物学特性、产果情况进行了多年跟踪观测，取得了丰富的观测数据。2016年11月，经海南省林木品种审定委员会审定，有9株母树（无性系）已被认定为优良品种（系），包括：海油1号、海油2号、海油3号、海油4号、海大油茶1号、海大油茶2号、琼东2号、琼东8号、琼东9号，推广范围可覆盖全省各地。从2015年起，海南省明令禁止销售和种植油茶实生苗，严格执行国家林业和草原局"四定三清楚"（即定点采穗、定点育苗、定单生产、定向供应，品种清楚、种源清楚、去向清楚）的规定，坚持"采用嫁接苗、慎用扦插苗、杜绝实生苗"的种苗生产原则，油茶苗木生产单位及单位法人对生产的苗木质量终身负责，油茶种苗生产单位与使用单位要签订良种供应及售后服务协议。2016年，全省已建设9个规模化的油茶苗圃，培育嫁接苗320万株。主要育苗基地有海口东山金茂苗木有限公司、澄迈乐香生态农业开发有限公司、定安高林苗木专业合作社、琼海恒萃油茶农民专业合作社、琼海温泉发富油茶种植农民专业合作社、琼中县海南万安农业开发有限公司等。

（二）发展潜力

1. 消费潜力

目前，我国食用油市场呈现出三大特征：一是食用油消费量逐年上升，特别是优质木本油料需求旺盛，呈现供不应求的状态；二是我国食用油料自给率低，进口依赖性大，油脂产业发展潜力大；三是国内外市场对油茶特性的重新认识，使得油茶在全球市场十分热销，用油需求缺口巨大。国内外市场油茶需求量大，前景广阔。因此，大力发展油茶将是我国未来食用油发展的主要方向之一。海南省油茶种植面积和产量分别仅占全国0.1%和0.14%，人均占有量不足0.09千克。如果海南人均消费2千克山柚油，全省山柚油年消费量在2万吨左右，而且，还有数百万东南亚的海南侨胞是潜在的消费群体。随着海南省经济发展水平和消费者对山柚油认识的提高，山柚油消费必将呈几何级数增长态势。此外，山柚油是制造高级化妆品、肥皂、凡士林、机械润滑油以及医药制剂的重要原料。榨油后的剩余物茶枯和茶籽壳中富含茶皂素、粗蛋白、粗脂肪、单宁等，它们都是非常重要的工业原材料，综合利用价值非常高。茶枯饼经深加工可生产茶皂素、抛光粉和饲料等，茶皂素广泛应用于建材、日用化工、医药和农药生产等方面，我国生产的茶皂素50%以上销往欧美等发达国家，市场前景非常好。茶枯还可加工成高档有机饲料，是鱼类养殖常用的原料。近几年，茶枯饼、茶籽壳的市场需求急剧上升，部分东南亚国家每年都从中国直接进口大量的茶籽和茶枯来进行加工，提取皂素、制作生物农药和机床的抛光粉等，促使茶枯、茶壳需求量大幅度上升。因此，油茶副产品同样具有广阔的市场前景。

2. 生产潜力

一是发展空间大。油茶耐贫瘠能力强，对土壤条件要求不高，管理相对粗放，不占用耕地，平原、丘陵和山区均可种植。目前，海南有数百万亩低产低效橡胶林、桉树林、槟榔林和甘蔗地，急需进行产业结构调整，因此，油茶产业发展用地空间比较充足。二是增产空间大。按照海南省油茶产业发展规划，到2025年，全省要建设油茶种植基地25万亩，新造油茶林12.71万亩，茶油年产量达到1200吨,油茶综合产值20亿元。随着油茶优良品种和高产栽培技术的广泛应用,预计新种的油茶林平均亩产可达30千克,老油茶林经过改造后,5年内亩产可提高到20千克以上,增产空间巨大。三是综合效益高。海南山柚油品质独特、营养丰富、丰产年限长、综合效益高。此外,油茶是多年生常绿小乔木,具有良好的水土保持、绿化环境、净化大气的功能。因此,发展海南油茶产业符合农业转方式、调结构、稳增长、保增收的要求。

(三)发展优势

1.有优越的自然条件

海南岛地处热带北缘,位于北纬18° 10′ ~20° 10′,东经108° 37′ ~111° 03′ 之间。属热带季风气候,长夏无冬,全年无霜冻,年平均气温23 ~24.5℃,≥10℃的积温为8200 ~9000℃,最冷的1、2月份温度10 ~21℃;年均光照为2200小时,光照率为50% ~60%,光温充足。海南岛雨量充沛,各地的年平均降雨量为932 ~2495毫米,水热同季,有明显的多雨季和少雨季。据《海南岛生态地球化学调查》(2011年)评价,海南岛土壤环境质量优良,93.6%的面积为一类、二类或三类土壤。其中一类和二类土壤占84.7%,三类土壤主要分布在琼北局部玄武岩地区,系土壤母质引起,对农作物的生长未造成影响。这些得天独厚的气候条件和优良的土壤性质非常适宜发展油茶种植。

2.有独特的生物学特性

中国其他省份,油茶栽培最多的物种是普通油茶(*Camellia oleifera Abel*),海南种植的主要是越南油茶(*Camellia vietnamensis T. C. Huang ex Hu*)。越南油茶主要分布在海南省、广东南部以及越南、老挝等地,也称为陆川油茶,民间俗称高州油茶、大果油茶、白花油茶。海南种植的越南油茶可能引自广东省高州市。根据《中国植物志》等专业书籍、植物标本记载,以及野生资源调查结果,油茶是海南岛的传统植物资源,其种植历史至少可推至明代,海南人习惯称越南油茶为海南山柚,这种称呼记录在《正德琼台志》中,至今已有500多年。越南油茶在高州市、陆川县一线以南能正常开花结果,自此往北移,丰产表现越来越差,在长江流域则不能开花结果。近年的科研结果表明,海南山柚的叶、花、果等形态方面存在丰富的变异，且结果性能好。海南是越南油茶种植的适宜区之一，结果期和盛产期分别比国内其他产区提早1~2年。

3. 有特有的感观和风味品质

普通油茶所产茶油未经精制脱臭处理后味道微苦。然而，山柚油则异香扑鼻，且无苦味。目前普遍认为，海南的山柚油与其他省份茶油相比，具有固定的特有的感观和风味品质。这主要是基于3个方面的原因：一是物种不同。其他省份主要是广布的普通油茶物种，海南山柚为特异地理小种。二是产地环境不一样。海南山海奇胜、热带环境独特、生态环境极佳、土壤含富硒，是郁结凝萃之地，故造就了惊世骇俗的山柚油。三是山柚油风味成分不一样，尤其是香气成分不同，使海南山柚油具有独特的香味。海南山柚油香气主要成分为吡嗪类杂环化合物，其他省份茶油风味主要成分为醛类和酸类。

4. 有国家与省政府产业发展政策的支持

国务院对食用油发展极为重视，2007年、2008年、2014年相继出台了《国务院办公厅关于促进油料生产发展的意见》（国办发〔2007〕59号）、《国务院关于促进食用植物油产业健康发展保障供给安全的意见》（国发〔2008〕36号）、《国务院办公厅关于加快木本油料产业发展的意见》（国办发〔2014〕68号），明确提出要大力发展油茶等特种油料作物。为推动油茶产业发展，2009年国家发展改革委、国家林业局等部门联合印发了《全国油茶产业发展规划（2009—2020年）》（发改农经〔2009〕2812号）。2015年3月11日，国家林业局召开了全国木本油料产业发展电视电话会议。为贯彻落实党中央关于发展木本油料产业会议精神，海南省政府办公厅先后下发了《关于大力发展林下经济促进农民增收的实施意见》（琼府办〔2013〕114号）、《关于加快木本油料产业发展的实施意见》（琼府办〔2015〕89号），对全省发展木本油料产业做出全面部署。

5. 有日益增强的财政扶持

2015年，海南省林业厅、海南省财政厅联合发文《关于印发海南省2015年现代农业生产发展资金扶持油茶产业项目实施方案的通知》（琼林〔2015〕193

号），安排财政资金2500万元发展油茶项目。同年，海南省林业厅出台《关于加强油茶种苗管理工作的通知》（琼林办〔2015〕39号），加强对油茶种苗的培育、流通、种植等全过程管理。油茶产业已成为全省一个新兴产业，发展油茶产业是优化农业产业结构、改善民生、实施精准扶贫、增加农民收入、提高国民膳食健康水平的需要。同时，海南还整合沿海防护林工程、退耕还林工程资金支持油茶产业发展，2015年以来，共安排中央、省财政资金4000多万元支持油茶产业发展。

6. 有日益高涨的发展热情

全省各市县高度重视油茶产业发展，许多市县进行专题研究，制订发展计划，拨出专项资金扶持油茶种植与加工，有力地推动了油茶产业发展。琼海市、五指山市、澄迈县、定安县、屯昌县、省农垦总局等把油茶产业作为调整农业产业结构、发展特色林业、增加农民经济收入的一项重要生态产业。一些农户、农民专业合作社、企业纷纷投入到发展油茶产业中来，涌现出一批以油茶种苗繁育、种植、加工为主导的油茶产业发展的龙头企业。近20年来，其他各省技术和理念的逐渐成熟为海南发展油茶提供了指引和借鉴。经海南大学、省农科院、省林科所等调查，全省可发展油茶的土地面积在300万亩左右，理论上年产山柚油9万吨以上，油茶有望做成百亿级产业，具有后发优势。

7. 有强有力的科技支撑

海南油茶产业起步虽晚，但近10年，省内各科研院校，包括海南大学、热科院、省农科院和省林科所等，投入了大量的科研力量，致力于海南山柚资源的调查、评价和开发利用等方面的研究，并已在明确资源现状、良种选育、种苗繁育、高产栽培、综合加工利用等方面取得了一系列研究成果，这为海南特色油茶产业发展提供了强有力的科技支撑。气候优势、环境优势、土壤优势和后发优势，决定了海南山柚油具有极大的品质优势，而栽培区域的限制性和山柚油品质的异质性决定了海南油茶产业的不可替代性。这些优势是海南大力发展海南油茶产业的前提与基础。

第二节　典型企业及发展情况

一、油茶一产企业典型案例分析

（一）湖南雷叔叔油茶产业发展有限公司综合型科技企业模式

湖南雷叔叔油茶产业发展有限公司是一家集油茶种植、加工、林下种养、产品研发和销售为一体的综合型油茶高科技企业。该公司是国家木本油料资源利用重点实验室成员单位，先后获得国家高新技术企业、中国油茶产业百强企业、中国好粮油示范企业、湖南省农业产业化龙头企业、湖南省林业产业龙头企业、湖南省油茶产业发展先锋企业、永州市专精特新"小巨人"企业、永州市企业科技创新创业团队等各类荣誉称号十余项，和湖南科技学院合作的"生物质资源综合开发利用工程技术研究中心"被列为湖南省工程技术研究中心。

该公司现有集中连片高标准油茶种植示范基地6500亩，位于永州国家经济技术开发区内，基地先后获评中国"好粮油"示范基地、省级森林经营示范基地、省级林下经济示范基地、湖南省林业特色产业园、湖南省普通高校校企合作创新创业教育基地、湖南省油茶科普基地、粤港澳大湾区"菜篮子"生产基地等荣誉称号。

公司主要产品有油茶鲜果、油茶籽、茶油、林下中药材、瓜果蔬菜、鸡鸭鹅等。创建的"雷叔叔"茶油品牌被列入中国国际优势品牌、中国茶油集群品牌、首批中国林草产业关爱健康品牌、湖南茶油公用品牌、永州之野农业公用品牌等。

公司以高校为依托，采用"公司+院校+基地+农户"、农工贸一条龙、产学研一体化的经营模式，促进传统油茶产业模式向现代化智慧化转型，实行标准化建设、良种化种植、智能化耕作、园艺化管理、生态化生产、规模化经营、综合化利用、专业化服务、多元化发展、品牌化营销的"十化"发展范式，获得了高度赞誉。全国油茶工作现场会曾在该公司基地召开,近几年来公司先后接待来自全国18个油茶主产省份的考察、交流人员6000余人次。

该公司创新油茶产业发展机制和模式,探索出一种切实可行的多方共赢特别是与当地农民共同发展的模式。

梯度土地租金。公司与村集体签订土地流转协议书,采取分阶段递增的租金方式,确保农户收益持续稳定增长。

网格化合作。基地以网格为单位进行管理,每个网格约300~600亩,一对夫妻承包一个网格,承包人按面积获取固定承包费并可在承包范围内自主发展林下套种养。

劳务扶贫。优先雇用里湾村、张家村和胡家岭村等六个村的村民到公司务工,年发放劳务费用180余万元,贫困户年均收入可达到1.6万~2万元。

帮扶扶贫。公司与相关厂家和销售平台签订订单销售合同,引入具有一定种植和养殖技术的农户进入基地开展订单种养等林下经济,公司帮助他们对接市场,促进销售。近三年,公司带领20余户农民在油茶基地套种西瓜、花生、黄豆、油菜、紫薯、南瓜、冬瓜、香瓜等果蔬和迷迭香、颠茄、玉竹等中药材共3000余亩,带领20余农户林下年养殖鸡鸭15万余只,引进年出栏5万头生猪的大型养猪场1家,引进年产蛋千万枚的蛋鸡场2家。

公司充分利用其作为中国国际优势集群品牌联盟副主席单位、中国油茶产业协会副理事长兼秘书长单位、中国品牌建设促进会茶油分会秘书长单位、中国林业产业联合会品牌建设分会副秘书长单位、湖南省油茶产业协会副会长单位、永州市油茶协会会长单位的行业地位,联合永州油茶企业打造"永州茶油"公用品牌,通过以下多渠道建设,带动周边油茶种植户年销售茶油1万吨。

实体渠道:在北上广深杭等主要城市建设实体销售渠道。

传统电商:把京东、淘宝作为主战场,提供价格标杆,承接自然流量。

消费扶贫:通过脱贫地区农副产品网络销售平台、湖南省政府采购电子卖场等定向销售农副产品。

体验式营销:通过举办油茶文化节、亲子活动、学生研学、劳动实践,邀请消费者到雷叔叔油茶基地现场体验，感受真实品质。

（二）湖南天华油茶科技股份有限公司现代油茶种植管理模式

1. 企业简介

湖南天华油茶科技股份有限公司（简称"湘天华"），由经济学家汪良忠博士于2007年创建。公司专注于智慧油茶林的种植管理、高端有机冷榨纯茶油及油茶深加工衍生产品的研发、生产与销售，旨在助力乡村振兴，关注全民健康。

湘天华以攸县天鹭湖生态区为总部，高标准建设油茶采穗圃、苗圃、种植、高产示范基地，坚持物理防治，不打农药，不施化肥。为确保山茶油的活性成分，坚持低温物理压榨，不浸出、不添加、不调和。采用规模化、数字化经营管理，掌控源头，全链条运行，全体系品控，一瓶一罐一溯源码，保证每一滴油从产地到餐桌安全放心。

湘天华已获食品安全管理体系认证、质量管理体系认证、钓鱼台食品标准认证、中国有机产品认证等；拥有"纯物理法制备活性茶油"等多项国家发明专利及实用新型专利，荣膺湖南省科技进步奖；获得国家高新技术企业、全国重合同守信用企业、湖南省农业产业化龙头企业、湖南省林业产业龙头企业、湖南省油茶产业科普基地、湖南省油茶定点采穗圃基地、湖南省油茶定点苗圃基地等称号；获评中部农博会金奖、中国国际油博会优质产品金奖等；成为全国花样游泳锦标赛指定用油；入选央视乡村振兴强农品牌、中国山茶油行业最具影响力十大民族品牌；入展全国首届乡村振兴成果展100家。

2. 主要产品

良种苗木：繁育三华系列、湘林系列，建立湖南省定点油茶采穗圃500亩，湖南省定点油茶苗圃300亩。

高端茶油：钓鱼台系列、家庭金罐系列、东方之籽系列、健康蓝系列、母婴呵护系列。

衍生产品：为延伸产业链，提升附加值，出品有机日用系列，包括山茶籽精油皂、茶籽植物洗涤粉、山茶籽多效精华油等。

3. 基地模式

在湘赣边（北纬26°~28°）中国油茶生产的黄金地带，湘天华拥有油茶林超10万亩，分布于罗霄山脉沿线攸县（莲塘坳、皇图岭、网岭、宁家坪、新市、渌田）、耒阳（小水、大市、哲桥）、桂阳（樟市、洋市）、安仁（灵官）4个县市12大基地。其中近3万亩通过公司集中流转自营，约7万亩通过"公司+农户"合作造林，约1000亩通过庄主认养。

4. 销售渠道

合作伙伴：钓鱼台食品、广发证券、广发基金、广发期货、兴嘉生物、华菱钢铁、华美国际、隆平供应链等。

商超渠道：盒马鲜生、株洲百货、步步高超市等。

电商渠道：脱贫地区农副产品网络销售平台、东方甄选、京东、天猫、抖音商城等。

5. 品牌建设

攸县莲塘坳油茶基地已成为"钓鱼台食品标准认证基地"，湘天华与钓鱼台食品公司联合出品"钓小宴"系列冷榨山茶油，让湖南茶油正式走上钓鱼台国宾馆的餐桌，成为全国唯一一家与钓鱼台国宾馆合作的山茶油品牌。

6. 乡村振兴

湘天华已持续举办湖南油茶文化节六届、全球诗词大赛三届、全球华语诗歌大赛一届、全国青少年传统诗词大赛三届、中国教师诗词对联大赛一届，同时创办湘天华诗社，出版《湘天华诗词》六辑、《大岳凌霄》等，被评为国家乡村振兴"一县一品"特色文化艺术典型案例。为感恩社会，公司创始人设立"南勋感恩奖学金"，先后捐资1300万元，资助贫困学生已逾1000名。

湘天华致力于巩固拓展脱贫攻坚成果同乡村振兴有效衔接，十几年来引领湖南省12个乡镇80多个村组投身油茶产业，举办栽培技术科普及技能培训100多期，先后免费培训相关技术人员3000多人，为当地累计提供近3万人次就业，每年发放劳务工资1000万元以上，在老百姓心中逐渐形成一个基本共识——"农民要致富，就种油茶树；乡村要振兴，就种油茶林"。

（三）赤壁市鹏利油茶有限公司坚守规模性油茶种植模式

赤壁市鹏利油茶有限公司成立于2010年8月，现有成熟油茶基地6016亩，分布在赤壁、新店、茶庵岭及余家桥等多个乡镇，总投资约8000万元。公司坚持规范种植，精细管理，一心做好油茶基地建设，为社会提供优质油茶籽。该公司2016年获评市级龙头企业，2017年获省级龙头企业称号。油茶深加工产业正在规划筹建中。

该公司自建立之初，通过土地流转方式取得了赤壁市新店镇官仕坳村和茶庵岭镇峡山村3000余亩荒山使用权（含林权证2600余亩），租赁期为50年；近几年该公司不断发展，扩大规模，新增基地3000余亩，租赁期为30年。该公司已配套购置一套粗加工设备，并已创建自有品牌"赤壁鹏利"，成功注册商标。

（四）安徽新里程农林科技公司联动带动模式

安徽新里程农林科技公司主要从事油茶、油牡丹等农林中药材产品的种植、加工与销售及生态农家乐、休闲观光旅游服务等业务。公司拥有27600亩油茶基地，基地横跨独山镇9个行政村，涉及700多农户，其中整村推进贫困村3个，建档立卡贫困户342户，有1400多名农民工在基地务工和就业。

公司通过自主研发和生产，现已形成了企业的全系列产品：江淮果岭牌山茶油、山茶油手工家事皂、润唇膏、口红、山茶花润肤油及山茶花面膜等，并成功注册了"江淮果岭""琼婆婆"及"久远"等系列商标。"江淮果岭"牌山茶油，曾两次获中国义乌国际产品博览会金奖；"江淮果岭"商标被中国林业产业联合会评为"中国林草产业信用品牌"；"江淮果岭"牌山茶油手工皂，获六安文化旅游商品创意设计大赛金奖。

公司将依托江淮果岭大观园产业扶贫园，以基地为核心，建立体验式油茶加工厂，继续扩大万亩油茶基地的产业带动效应，打造"一业为主，多业并存；一品为主，多品共融"的田园综合体，将"江淮果岭"和"琼婆婆"打造成"实用品牌""大众品牌"，甚至国际化的大品牌。

（五）湖南老山翁耕读基地模式

湖南省张家界老山翁油茶耕读基地规划面积共7240亩，其中耕读章堂占地600亩(零溪),高山蔬菜和油茶基地2200亩(高峰),机械化油茶产业示范基地2400亩(赵家岗),老油茶基地2000亩,油茶工厂总面积40亩,总投资1.2亿元。

老山翁采用会员制营销。通过"种植—销售—游学"的功能区设置和建设,让老山翁会员们在油茶产业链里通过吃喝玩乐及游学,完成体验营销的4.0模式,达到"引导吃—尝试玩—情怀种植—主动吃——起销售"的完全封闭链。

老山翁公司暨老山翁全国会员俱乐部不仅创造出自己的会员制模式,还曾针对国家扶贫工作重点,对基地内贫困户情况进行个性组合,制订扶贫方案进行精准扶贫。

一是免费提供油茶种苗、肥料和技术支持。农户自己种植,挂果后享受合作社待遇,公司以高于本地市场价5%~10%的价格完全收购茶籽;并在5年种植期内,给予每个人最低1200元的劳务工资和农产品收购的承诺。对于贫困户承诺短期不低于1200元、长期每年每人不低于5000元经济收益。

二是入股分红。对于没有劳动能力的贫困户,采取土地入股、协助行政管理的形式进行种植。如根据贫困户的贫困状况和土地情况,进行10%~30%的分红;对于没有劳动力的贫困户,前5年种植期,通过分红帮扶、会员一对一帮扶,保证每人每年不低于1200元的收益,5年挂果后,每年享受1000~3000元的收益分红。

三是免费支持公司外的贫困户种植油茶。公司采用金融帮扶的形式提供茶苗和肥料,分期让农民用农产品进行转换借款。如果每户自我种植达到5亩油茶树,公司便会将之纳入产品收购计划,高产期确保贫困户每年有2万~2.5万元的经济收益。

老山翁公司的发展模式,不仅有力地推动了油茶产业的发展,也推动了精准扶贫工作的开展。2018年,公司扶助建档立卡贫困户219户653人,利用公司的发展模式,为其创收300万元以上。

二、油茶二产企业典型案例分析

（一）湖南山润油茶科技发展有限公司联农带户模式

湖南山润油茶科技发展有限公司成立于2006年3月，位于湖南平江高新技术产业园区，注册资本4000万元，是一家以"公司联农户建基地"模式运作，集油茶栽培、油茶基地建设、初加工、精深加工、油茶副产物综合利用，研发、生产和销售于一体的民营高新技术企业。

公司现已发展成为农业产业化国家重点龙头企业、国家林业重点龙头企业、全国油茶产业重点企业、全国放心粮油示范工程示范加工企业。2012年至2021年连续9年被中国粮食行业协会评选为中国茶油加工企业十强榜单之首，为湖南农业优势特色产业30强企业。

公司依托技术研发优势，以发明专利和专有保密核心技术为支撑，成立了油茶工程技术研究中心，组建了40余人的研发团队，引进了年加工新鲜油茶果十万吨的自动化生产线，年加工一万吨茶油精炼生产线，及容量两万吨的储油罐。先后与湖南大学、湖南省林业科学院联合成立生物质高值资源化联合研发中心、木本油料资源利用国家重点实验室，成功开发茶油低温冷榨工艺、茶油中苯并芘快速除去工艺等新技术，促进产学研深度融合。

目前，公司主营油茶籽系列高档食用植物油百余种产品，满足市场需求和客户对高品质生活的追求。公司产品已畅销华南、华北、华东、华中、西南等20多个省区，入驻大型连锁超市近万家。同时，大力探索"互联网+农业"新概念、新模式，推动农业产业链的改造升级，发展京东、天猫等多个电商平台，覆盖17个省区的社区团购主流平台。

公司投资2.2亿元全面建设山润一、二、三产业融合大楼——平江山润小镇，努力将山茶油小镇打造成湖南三产融合发展示范区、国家现代油茶产业园、全国乡村振兴示范点、湖南青少年研学基地、湖南亲子旅游基地、都市近郊休闲旅游和高新技术园区员工新型公共活动服务中心阵地。

（二）湖南红星盛康油脂股份有限公司茶油加工创新模式

湖南红星盛康油脂股份有限公司是农业产业化国家重点龙头企业——红星实业集团有限公司旗下子公司，是一家集油茶林种植、油茶籽精深加工及综合开发利用于一体的大型纯茶油加工企业。该公司于2010年12月注册成立，累计投资1.3亿余元在株洲市茶陵县建成一期占地100亩的生产基地。公司先后荣获国家高新技术企业、湖南省农业产业化龙头企业、湖南省林业产业化龙头企业等称号。

该公司主要生产国标一级压榨纯茶油，产品以"康御""元禧茶山"两大品牌为主。通过聚焦会员渠道，重点打造康御优厨平台；利用乡村振兴的机遇，通过抖音、公益中国等平台扩大线上渠道产品销售；面向一线城市大力开发团购经销商；挖掘代加工客户潜力。2022年公司销售收入6393.6万元。

（三）安徽山美生物科技有限公司的全产业链经营模式

安徽山美生物科技有限公司成立于2016年4月29日，坐落于革命老区金寨现代产业园区，是一家专业从事油茶种植和茶油生产、精炼、研发、深加工及产业延伸的农业产业化公司。

该公司2020年同铁冲乡李桥村联合组建金寨山美油茶种植专业合作社，建有油茶基地1万亩。另外在全县白塔畈、全军、铁冲、槐树湾、斑竹园、吴家店等6个乡镇签有订单农业供应合同，涉及全县油茶基地近10万亩，带动贫困农户3100多户近15000人。该公司是具备年加工油茶干籽2万吨的生产能力，年可生产精炼精品（医药原料级）4000吨食用茶油及延伸深加工茶油护肤品的科技型企业，2017年12月正式投产，2022年实现销售收入近5000万元，产品畅销北京、河南、湖北、湖南及长三角等地区，且长三角地区销售量达30%以上，逐步覆盖全国市场。

该公司现拥有"山美·大别山"、"山美"（护肤品）、"山之美"、"山美·天堂寨"等4个自主品牌，有15个专利（3个发明专利，9个实用新型专利，3个外观设计专利），专业技术人员20余人，熟练生产人员50余人。该公司通过不断的努力被安徽省农业农村厅认定为长三角绿色农产品生产加工供应示范基地，并且发展成为安徽省农业产业化龙头企业、安徽省林业产业化龙头企业、安徽省放心粮油示范加工企业、安徽省商标品牌示范企业、安徽省食品行业协会常务理事单位、安徽省粮食行业协会会员单位、全国木本油料协会副理事长单位、中国百佳粮油企业、六安市"专、精、特、新"企业、金寨县油茶协会理事长单位，曾获得2018年中国经济林产品博览会银奖。

该公司已通过国际质量管理体系认证，环境管理体系认证，食品安全管理体系认证；"山美·大别山"牌茶油荣获"中国十佳粮油标杆品牌"称号，入选"徽味100"安徽名优食品公共品牌，"精品安徽"央视宣传品牌。该公司率先在产品包装上明确标注压榨或浸出，诚信经营，积极倡导"少吃油，吃好油"的健康理念，深受社会、行业赞许和市场认可。

该公司聚焦油茶研发最前沿，与合肥工业大学、山东中医药大学等多家高校开展深层次技术合作，提升企业科技创新和技术研发能力，推动科技成果落地转化。利用先进生产工艺，保留油茶籽天然多重营养元素和独特的活性物质，开发适合中老年、婴幼儿、孕妇等不同消费群体的功能性保健和护肤美容科技新产品，给予人类健康生活更多的选择；秉承"优质、创新、健康、时尚"的经营理念，不断为社会创造价值。突破传统茶油提炼技术，对茶油进行产品升级和产业延伸，勇往直前，开拓创新，不断扩大企业和品牌影响力，将"山美·大别山"牌茶油打造成引领茶油消费的高端领先品牌，致力于油茶产业的繁荣与发展。

三、油茶三产企业典型案例分析

醴陵市油茶研究所成立于2020年，是从事油茶技术研究与推广的民间社团组织，拥有高级职称人员2人、技术工匠2人。该所提出油茶培育"密度调整、合理修剪、均衡施肥、花果培管"十六字方针；率先开展了油茶培育实验、水肥一体化实验、生草栽培试验和修剪对比试验。通过实验研究得出好的栽培方法，在全市推广应用，醴陵市油茶产量由此得到大幅提高。

服务内容：油茶栽培技术研究与指导。

主要做法及经验：该研究所以问题为导向，以实现高产稳产为目标，走遍湖南、湖北、江西、广西、贵州、重庆六省（区、市）两百多个油茶基地和多个科研院所，行程六万多公里。

研究所成员求教于专家，访询于同行，争辩于陋室，游历于书本。坚守"不唯上、不唯书、只为实"的思想方法，突破思维定式，质疑固有定论，求证问题本质，探寻油茶高产之出路。

研究所通过学习和研讨，充分认知到油茶是大自然馈赠给人类的宝贵植物资源。茶油是中国独有的、世界最好的食用油之一，是未被人们完全认知并充分利用、开发潜力巨大的木本油料。

研究所与醴陵市林业局密切配合，选取金桥、金鼎等20个基地，进行油茶提质改造实验，选取了圆善、三思、新科三个基地进行油茶种植高产示范。对醴陵市油茶新造、培育、低产林改造等进行全方位技术指导，对市油茶协会会员不定期开展技术培训和基地现场指导。

在醴陵市油茶研究所的技术指导下，2021年，金桥油茶基地实验点鲜果单产由2020年的不足100斤提高到800斤。醴陵市三思油茶种植农民专业合作社的基地通过该油茶研究所长期的技术支撑，2020年至2022年产量基本稳定在1000斤/亩，同时该基地水肥一体化技术应用效果显著，全园实施精细化修剪，林分状况良好。圆善油茶种植农民专业合作社高产示范基地通过实施该油茶研究所相关技术措施，部分地域产量达到2200斤/亩。

第三节　典型企业一、二、三产融合发展模式

一、湖南大三湘油茶庄园模式

（一）公司基本情况

湖南大三湘茶油股份有限公司（以下简称"大三湘"）是一家专注于从油茶育苗、种植、加工到销售的全产业链经营的农业产业化国家重点龙头企业、

国家林业重点龙头企业、国家高新技术企业、国家油茶加工技术研发专业中心、国家级放心粮油加工示范企业、省级认定企业技术中心。公司于2009年在衡南县工商局注册成立，注册资金1.65亿元，已投资5亿元。目前已通过ISO 9001、ISO 14001、HACCP（危害分析与关键控制点）体系认证和中国有机、欧盟有机认证。下辖10个子公司和1个油茶育苗基地。目前已经拥有高标准油茶示范种植基地4万亩，"订单+农户"的油茶种植基地56万亩。成立以来，已申请专利201项，其中发明专利135项，在生产工艺上进行了多项创新，荣获"国家科学技术进步奖二等奖""湖南省创新奖""全国'万企帮万村'精准扶贫行动先进民营企业""梁希林业科学技术奖一等奖"和"国家绿色工厂"等殊荣。

（二）油茶庄园生态圈模式

大三湘经过十几年的实践探索，也考察了成百上千个不同规模的油茶基地，发现大规模的种植基地很难管理到位，往往变成低产低效林。为此，大三湘多次考察国内外成功的种植庄园（橄榄庄园、葡萄酒庄园等），通过大三湘东方树庄园的样板实践，总结创新出以当地农民为主体的适度规模的油茶庄园模式，并成功打造了10000亩、3000亩和300亩3种规模的油茶庄园。总结创新出"三帮一"+"三直通"油茶庄园模式。

"三帮一"，即"政府+龙头企业+金融机构"三家支持农户/合作社建设庄园，见图4-1。三家各司其职，各展所长。在政府支持下，企业+银行+农户/合作

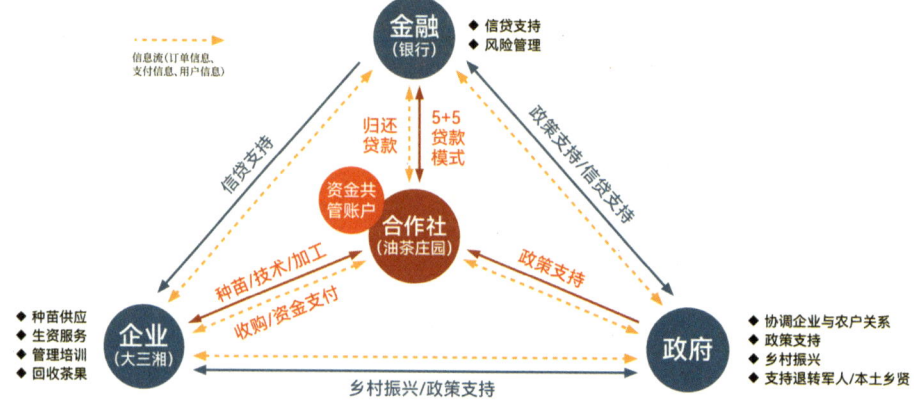

图4-1　大三湘"三帮一"油茶庄园模式

社建立共管平台和共管账户,帮助农户解决庄园建设中的政策、金融贷款、种苗和茶籽收购等问题,确保农民可以专注实施良种良法,将优质原料以合理价格提供给龙头企业,自己又能获得较高回报,并有能力在基地达产后分年偿还贷款本息。

"三直通",指庄园产业链运营模式,见图4-2。

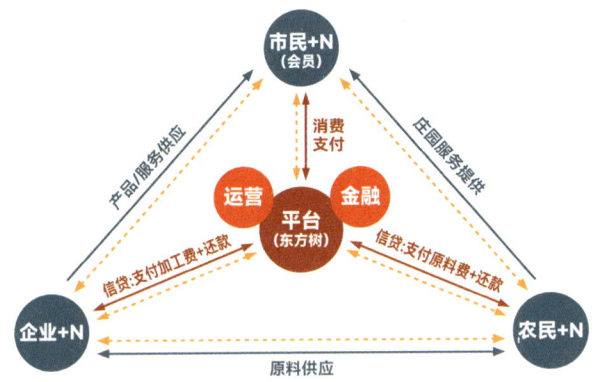

图4-2　大三湘"三直通"油茶庄园产业链运营模式

金融直通农业——"5+5"油茶贷。根据油茶生产的特点,金融机构设计贷款采取"5+5"的模式,即前5年只还息不还本,从第6年开始,连续5年每年按照本金的20%从共管账户的茶果销售款中支取,以归还银行的贷款本金和利息。如果遇到减产或绝产的灾害年景,可以申请再宽限两年。

城市直通乡村——城市居民到乡村深度体验、旅游,参与乡村振兴。

市民直通农民——庄园依托大三湘加工与经营基础,用"公司+庄园(农户)+庄主(用户)"生态圈经营模式,实现从茶山到餐桌的经营理念,去除中间环节,让用户自己成为一亩茶山的庄主(会员),消除了买茶油一怕假二怕贵的心理,一次认养当庄主,一生底价吃茶油,买得开心,吃得放心。庄主可以全程溯源看到自己吃的茶油从一株苗,到一棵树、一亩茶山,再到一滴茶油的全过程,体验大三湘"归园田居"生活情调和健康的生活方式。

庄园模式能实现由传统的粗放管理、粗放加工、粗放市场到精细管理、精深加工、数字化营销(品牌+品质+服务+互联网)的转变,让农民、政府、企业、用户和金融机构形成了油茶产业生态圈，达到"各司其职，各有所得，产业兴旺，乡村振兴"的目的。

（三）基于移动互联网的"从茶山到餐桌"的庄主认养模式

大三湘通过打造基于移动互联网的透明化油茶庄园，让消费者安心做庄主，让农民安心在家看庄园，用户不仅能24小时看到工厂生产的直播，还可以带上家人来到庄园参与认养、亲子游等活动，甚至通过物联网技术，实现"看得见的生产、看得见的配送、看得见的服务"。通过"公司+合作社+农户"模式，已建立西岭平安庄园、衡南宝盖庄园、东方树庄园等三大庄园。

2020年，大三湘推出首个"油茶庄园"认养模式，以茶山认养的方式，把"从茶山到餐桌"的梦想照进现实。通过以基地直供的方式，打掉中间环节，降低了营销成本，彻底解决了茶油贵的痛点。该模式一经推出便深受消费者的欢迎。

二、海南品香园生物科技有限公司热区油茶科技创新模式

海南品香园生物科技有限公司为海南品香园食品有限公司旗下全资子公司，坐落于海南省琼海市，是一家集研发、生产及品牌经营为一体的企业。一直以来，"品香园"始终以"绿色、自然、健康"为品牌使命，坚持保留和弘扬海南特产的传统风味特色，致力于开发海南独特的热带作物资源，注重切合消费者需求，生产及销售高品质海南特色产品。十余年间所获得的"海南省名牌产品""海南食品行业老品牌企业""中国粮油乡村振兴先锋企业"等荣誉称号，皆是品香园生物科技及品香园食品携手奋进的见证。

自成立以来，海南品香园生物科技有限公司联合了国家级木本油料专家与多名油料精炼生产专家共同砥志研思，制定了符合国际食品生产标准的优质工艺体系，全流程集茶籽收集、剥壳、干燥、储运和山柚油精深加工于一体，做到布局合理、配套科学。在采用古法榨油技艺的基础上，结合现代生物科技工艺，打造出无杂质、色泽金黄、品质纯净、气味芳香的山柚油，最大限度地保留了山柚油的营养价值，为顾客们提供优质的产品，保障每滴油都是真正的天

然、绿色、健康的良心食用油。该公司山柚油精加工生产线,引进了高精尖设备,坚持在选品、加工精炼等生产环节做到严格把控、细心检验、认真监督。精益求精的生产工艺、先进优良的生产设备、科学严谨的生产管理,三位一体,提升了产品核心竞争力,提高了车间生产能力,促进了山柚油项目高质量发展,助推该公司成为海南山柚油行业领头军。

目前,该公司已在海南琼海会山镇建设面积达300余亩的山柚种植示范园,并在木本油料种植生产专家的指导下完善山柚的良种研发、培育、推广一体化生产管理体系。在持续推进创新研发优质品种、促进产学研相结合的同时,优化与本地山柚苗良种相配套的高产栽培技术方案,提升种植效率及整体产量。通过示范园来调动广大农户的积极性,达到示范和辐射双重目标,以此带动当地农民增产增收。

当前,食用油市场上"生态""绿色""营养"等概念逐渐成为消费热点,而山柚油作为营养、健康、安全的高端植物油品种,市场需求正在不断扩大。对此,该公司将山柚油保健食品、日化用品、生物制药等各类高附加值的精深加工产品列入研发试产计划,以提高对茶壳、茶枯等山柚油副产品的综合利用,并在坚持生产优质高端山柚油产品的同时,根据不同原料等级与品种,推出价格更多元的山柚油产品,以满足市场多样化需求。

未来,海南品香园生物科技有限公司将继续以市场需求为导向,在政府引导与政策引领下,以身作则,坚持种植科学化、管理规模化、产品多样化、品牌特色化,持续推动山柚油茶全产业链高质量发展。

三、安徽省华银茶油有限公司"四化"融合管理模式

安徽省华银茶油有限公司坐落在国家生态示范区——大别山东麓风景秀丽的万佛湖之滨。该公司以大别山区丰富的自然资源油茶籽、茶叶籽为原料,进行相关油料综合精深加工及饼粕综合利用技术研发。

该公司的发展得到政府、行业、社会等高度认可,先后被评为中国茶油加工企业十强、国家高新技术企业、国家知识产权优势企业、中国十佳粮油标杆企

业、全国放心粮油示范加工企业，安徽省农业产业化龙头企业、安徽省科技创新企业、"食安安徽"品牌企业、皖美品牌示范企业、消费品工业"三品"示范企业、安徽省电子商务示范企业、六安市绿色工厂，获第二届舒城县政府质量奖和第六届六安市政府质量奖等。该公司是茶叶籽油、茶油、油茶籽饼粕等国家标准起草制定单位之一，通过了国际质量管理体系认证、环境管理体系认证、食品安全管理体系认证和职业健康管理体系认证。产品获得国家"有机食品"和"绿色食品"认证，华银茶油是中国粮油领军品牌、中国十佳粮油标杆品牌，获中国优质健康油脂金奖，列入中国农业品牌目录，获评长三角名优食品、"皖美农品"品牌、"2022年我最喜爱的绿色食品"、安徽十佳好网货等。产品畅销上海、北京、广州、香港等城市，远销日本、韩国、美国、马来西亚等国家，深受国内外消费者的青睐。

该公司拥有国内科技含量领先、设备先进的成套茶油低温物理压榨冷榨全自动流水生产线、完整的配套设施和全程质量检测手段，年加工油茶籽、茶叶籽5万吨，主要产品为"野岭""华银"牌茶油、茶叶籽油。"野岭"牌注册商标荣获中国驰名商标称号。

该公司建立了安徽省认定企业技术中心、安徽省油茶精深加工工程技术中心、安徽省油茶科技专家大院等研发平台，不断开拓技术创新能力，先后获发明专利10项、实用新型专利26项，并获得"全国商业科技进步奖一等奖""中国粮油学会科学技术奖一等奖""安徽省科技进步奖三等奖""湖北省科技进步奖一等奖"。

该公司坚持农业产业化综合深加工之路，依托全县30多万亩油茶林、10万亩茶叶园，建立了茶油绿色有机食品原料生产基地3万亩、有机茶叶籽油茶园3000亩示范基地，成立了舒城县华银茶油农民专业合作社，实行"公司+合作社+农户+基地"模式，带动全县油茶产业不断发展，走区域特色的农业产业一体化发展战略道路。

该公司长期与西安油脂科学研究设计院、武汉轻工大学食品科学与工程学院、安徽农业大学生命科学学院、合肥工业大学食品与生物工程学院等高校、科研院所合作,全面开展油茶籽、茶叶籽低温冷榨(适温压榨)及高级化妆品油综合精深加工和副产品产业化应用与研究,在增加农民收入的同时,为社会再就业工程以及社会的稳定创造了良好条件,为地方群众脱贫致富起到了示范带动作用。该公司采用"四化"融合管理模式(即技术专利化、专利标准化、标准产业化、产业品牌化),是一个典型的科技型茶油企业。

四、防城港澳加粮油工业有限公司综合型科技企业模式

防城港澳加粮油工业有限公司是广西壮族自治区的一家三产融合科技型企业,也是一家集食用植物油、高科技生物产品的研发、生产及国内外产贸销为一体的综合型、科技型粮油加工企业。

该公司位于防城港市经济技术开发区内,项目总投资12亿元,现有员工200人。该公司建厂时就以"工业4.0"为开发标准,应用成熟、科学、先进的生产工艺及技术,引进世界上先进的粮油加工系列配套设备,确保产品的质量符合国际化标准,已通过了质量管理体系认证、食品安全管理体系认证及环境管理体系认证。同时,该公司还建立了严密、科学、完善的管理机制,并在粮油行业中率先实行了办公智能化与生产智能化相融合,使生产指标、物耗、成本、销售、人员管理、客户管理等数据互联互通。

该公司现已建成年加工能力60万吨的大豆/菜籽生产线、15万吨的膨化大豆粉生产线、20万吨的精炼油车间、3万吨的浓香小榨油车间、9万吨的小包装生产线,年销售收入约45.68亿元。

该公司主打的高端产品"九龙桂"牌山茶油,先后荣获了中国国际高端食用油产业博览会金奖、第九届IEOE中国(北京)国际食用油产业博览会(以下简称油博会)金奖、第十一届IEOE油博会健康厨房粮油产品金奖、第十二届IEOE油博会优质健康油脂金奖以及"中国好粮油"称号等。该公司还被认定为全国2021年度智能制造试点示范工厂、全国第二批专精特新"小巨人"企业、首批全国菜籽油产品企业标准领跑者、全国绿色工厂、广西智能工厂示范企业、广西工业企业质量管理标杆、广西高新技术企业、广西壮族自治区级农业

龙头企业、农业产业化龙头企业等，2017—2021年连续入围广西企业100强，参与制定2022年5月1日实施的菜籽油国家标准。

为了进一步将企业做大做强，该公司审时度势，向多元化方向发展，又投资兴建了130亩油茶良种育苗基地和3000亩油茶种植基地，用于推动防城港市乃至整个广西的油茶产业发展。为确保各项目健康有序发展，该公司还分别与江南大学（粮食发酵工艺与技术国家工程实验室）合作组建了联合实验室，与广西北部湾产业研究院合作成立了北部湾粮油技术研究中心，并成为中国粮油学会油脂分会科技创新与品牌建设合作单位及武汉轻工大学教学、科研、生产基地。

同时，该公司作为中国林业产业联合会木本油料分会的副理事长单位，参与制定和起草了《特、优级油茶籽》《木本油料企业品牌价值评价》两个团体标准，此二标准于2019年1月1日起正式实施。

五、江西星火油茶产业科技示范园模式

江西星火农林科技发展有限公司成立于2009年，位于宜春市袁州区国家农业科技示范园区内，是一家现代农林科技型企业，被认定为国家林业重点龙头企业、全国油茶科技示范基地、省级现代农业示范园、省油茶科技示范基地、省级油茶科技服务示范基地、江西省森林食品基地、江西省森林康养基地、江西省工业旅游示范基地、江西省油茶加工重点企业、农业产业化省级龙头企业、省级林业龙头企业等。

该公司集油茶良种繁育、丰产栽培、精深加工、产品研发和生态旅游"五位一体"，在油茶科技示范园核心区建成占地1500多亩的集油茶科研、油茶精深加工及食用菌栽培与加工、生物有机肥生产与销售等为一体的油茶及附属产品科研加工中心。

公司引入建成年产3000吨浓香型富营养油脂的加工厂，采用低温压榨生产工艺的"新田岸"浓香型营养茶油加工工艺获国家发明专利，已通过有机产品认证、危害分析与关键控制点体系认证及质量管理体系、职业健康安全

管理等体系认证。"新田岸"茶油先后获得2019比利时布鲁塞尔国际风味暨品质评鉴所顶级美味大奖、中国茶油十大知名品牌、第二届江西"生态鄱阳湖·绿色农产品"博览会金奖、首届江西林业产业博览会金奖、江西农产品百强企业产品品牌、2020年度消费者最满意十大宜春富硒农产品奖等荣誉。

该公司利用油茶果壳、农林废弃物等原料建成茶香白鲜菇生产线,年产茶香白鲜菇2000吨,该技术已于2016年5月获得了国家发明专利。利用油茶壳及茶香白鲜菇菌渣生产有机肥,年产有机肥50000吨,为油茶果壳等资源循环利用开辟了一条新路径。

公司辐射带动当地油茶产业科学发展,引领传统油茶产业改造升级,推进当地油茶产业化进程,已带动西村镇、新田镇、天台镇三个乡镇30多个村组2900多户农户投身油茶林的建设项目当中,其中建档立卡贫困户96户,户均年增收1.8万多元。2020年,公司被江西省农业农村厅、江西省扶贫办公室认定为"农业产业化省级扶贫龙头企业"。

六、湖南祁阳市唐家山油茶文化园模式

湖南祁阳市唐家山油茶文化园位于祁阳市唐家山镇观音滩,是祁阳现代农业产业园核心区域,文化园创建范围约3000亩,周边辐射油茶林2万多亩,聚焦油茶产业主题,依托自然林湖景观,是集农茶产业、生态康养、水陆空互动项目等为一体的精品旅游景区。

唐家山油茶文化园主要景观资源有小型水利枢纽工程七星湖、高标准的渠带路、秀美樱花大道、桃园、梨园、山水一色的松林氧吧、山顶观景台、田园综合体验区、精深加工的油茶车间,以及文物保护单位十里亭。此外还有爱心池喊泉、山地赛车、山地自行车、滑翔飞行等参与性互动项目,是集生态宜居、观光休闲、体育赛事、亲子户外、休闲避暑的旅游胜地。2021年获评AAA级旅游景区。

油茶产业发展预测及投资机会分析

第一节　油茶产业未来发展趋势与预测分析

一、油茶绿色高产高效种植技术发展趋势分析

（一）加工专用油茶品种选育方向

油茶主要分布于中国长江流域及以南地区，根据油茶栽培区域的生态环境特点，可以将油茶栽培区划分为西南高山区、华南丘陵区、华中华东丘陵区、北部边缘区4个生态类型区。受不同生态类型区的生态环境影响，油茶的病虫害类型、茶油产量及品质均有较大差异。

我国已知的危害油茶的病原物有70余种，害虫有130余种，其中常见且危害较为严重的病原物有10余种，害虫有20余种。生产中，林农为了防治油茶林病虫害，常常使用大量农药，使得油茶果树和果实中均有农药残留，这不仅降低了油茶果实的品质，而且对生态环境造成破坏，也影响了茶油在国际市场的竞争力。在油茶品种选育过程中应针对不同栽培区域易发病虫害的种类和特点，选育出特有区域的高抗品种，以期实现绿色茶油产业的生态发展。

在油茶的生长发育及油脂的累积过程中，油茶的生物学特性（遗传特征）决定了油茶种仁含油率和茶油的品质，而生态因子是影响油茶果实产量的主要因素。虽然我国油茶的栽培历史悠久，但是在油茶生物学特性、茶油品质、茶油营养成分及药理等方面的研究仍然处于起步阶段，而在优良品种的选育上也多限于单一指标的评价，研究者多限于从结实量、含油率、抗性等单一性状考虑，往往缺乏对影响油茶产量和品质的因素的综合评价。因此，研究油茶的生物学特征与油茶产量和品质的关系能为优质高产油茶选育提供理论依据。油茶的生物学特性是长期适应环境的结果，不同种源油茶的产量和品质差异较大，油茶优种选育应遵循适地适树原则，选择适合当地栽植的优良种质资源尤为重要，因此环境因子对油茶生长、产量及茶油品质的影响及其影响程度是未来油茶产业的重点研究领域。

综上所述,油茶品种选育应根据各地区的生态环境特点,选育出适宜当地生态环境的高抗病、高产量及高品质的油茶品种,以打造具有地区特色的绿色茶油品牌。

(二)油茶种植区域发展趋势分析

我国油茶主产区分布较广,包括湖南、江西、广西、浙江、福建、广东、海南、湖北、贵州、安徽、云南、重庆、河南、四川和陕西15个省(区、市)的642个县(市、区)。

进入21世纪后,尤其是最近10多年来,国家不断加大对油茶生产的扶持力度,有关部委和主产省(区)先后出台了油茶产业具体规划和发展意见。在国家和地方政府一系列政策支持下,各地通过大力推广应用油茶新品种、新技术,对现有油茶林进行抚育、更新和改造,或在宜林荒山荒地新造高产油茶林,我国油茶产业开始步入快速发展轨道。

中央财政将油茶低产低效林改造纳入支持范围,国家林业和草原局发布了《油茶产业发展指南》,15个油茶主产省份印发了省级油茶产业发展规划,加快推进油茶低产低效林改造和管护。2019年以来,共改造低产低效油茶林364万亩,许多地方茶油亩产量提高4至10倍。各地通过创新油茶产业经营模式,有效带动近200万贫困人口脱贫增收。

多低山丘陵,水热光条件好,包括湖南、江西、广西、湖北、广东、福建、浙江、贵州8个省(区)的近600个县,是我国主要的油茶栽培区和茶油产区。本区现有油茶种植面积6286万亩,2023—2025年计划新增油茶种植1488.5万亩、改造低产林1110.6万亩,分别占全国新增、改造任务的77.6%、87.0%。

自然条件适宜油茶栽培,扩面潜力大,包括云南、海南、河南、重庆、四川、安徽、陕西7个省(市)的近200个县,是我国油茶产业重点拓展区。本区现有油茶种植面积798.5万亩,2023—2025年计划新增油茶种植428.5万亩、改造低产林165.3万亩,占全国新增、改造任务的22.4%、13.0%。

《自然资源部 国家林业和草原局关于保障油茶生产用地的通知》要求坚决守住耕地保护红线,不得占用耕地种植油茶。支持利用低效茶园、低效人工商品林地、疏林地、灌木林地等各类适宜的非耕地国土资源改培油茶，扩大油茶种植面积。油茶、橡胶等各类经济林依据《森林法》纳入森林覆盖率、森林碳汇调查监测统计范围。扩种、改造油茶不影响林地保有量和森林覆盖率。

综上所述，我国2023—2025年油茶种植区域将向利用低效茶园、低效人工商品林地、疏林地、灌木林地等各类适宜的非耕地国土资源快速扩大发展。

（三）油茶绿色高产高效发展趋势分析

随着油茶产业的快速发展，目前我国油茶产业存在一些亟待解决的问题。为厘清制约油茶产业发展的瓶颈问题，近年来油茶科研创新团队多批次赴全国油茶主要适生区对现有油茶林从良种选择、栽培管理、生产加工等方面进行了实地调研，经汇总分析，现将目前我国油茶产业发展存在的问题归纳如下。

1. 种质资源利用率低，良种选育过程不规范

全国从事油茶种质资源收集的单位较多，存在基地重复建设、各自为政、种质后续利用率低以及新优种质创制能力弱的问题，选育出的大部分良种未经多年多点区域化试验，测产面积过小、程序不严谨，导致2008年以后油茶良种数量剧增，出现部分"良种不良"和"良种不用"的现象。

2. 油茶苗品种出圃配置不合理

油茶存在自交不亲和现象，种植时需要进行苗木品种配置，但是采穗圃技术人员对良种的认知度不高，缺乏专业知识，又与选育单位沟通不够，建圃品种分辨不清，穗条混系采收，而育苗户没有严格做到"四定三清楚"，品种不明确，致使油茶苗品种出圃配置不合理；有些育苗户受利益驱使，对易繁育的品种进行大量生产，而对繁育难度大的品种不生产，同样导致油茶苗品种出圃配置不合理。部分地方保护主义严重，很多油茶优良品种无法进入，地方性油茶苗品系相对单一，也导致油茶苗品种出圃配置不合理。

3. 栽培管理技术缺乏且落实不到位，林地产量低

栽培管理技术缺乏和落实不到位，林地产量低，具体体现在造林时造林地选择不到位，良种选择不精准，品种配置不当，密度控制不合理，造林密度普遍偏高，进入盛果期种植户不舍得间伐。后期管理粗放，表现为"人种天养",油茶生长期营养短缺或失衡;缺乏针对不同树形的修剪技术,导致树体通风透光、抗性差、坐果率低。另外,很多企业对油茶产业认知度不够,盲目跟风,大面积种植,加之缺乏专业技术支撑,财务、管理成本过高,收益负增长,资金链断裂,导致油茶林大面积荒废,无人管理,林地产量低。

4. 生产经营成本高,产品市场竞争力弱

油茶抚育、采摘机械化程度低,需要大量人力劳动,劳务成本高,且效率低,使得油茶生产经营成本增加。全国油茶籽产量不足,专业化加工产能过剩,精深加工技术不足,使得加工成本增高。部分企业利用茶粕浸提油脂充当食用油,扰乱了市场,影响了百姓对茶油消费的信心,虽然"湖南油茶"公共品牌建设初见成效,但其他主产区品牌建设力度不够,且宣传不到位,还未挽回百姓对茶油消费的信任,加之油茶副产物利用率低、高附加值产品少、产品种类单一、油茶加工企业规模偏小、科技支撑能力不足,导致茶油及相关产品市场竞争力弱,未能对整个产业链起到良好的带动作用。

5. 油茶专业科技服务团队少,服务体系不完善

油茶方面的专业科技服务团队少,难以满足油茶产业发展的科技支撑需求。油茶科技服务体系不够完善,缺乏激励机制,科技服务人员积极性不高。

通过对油茶产业发展中存在问题产生原因的分析,编写者认为油茶绿色高产高效栽培模式与技术发展趋势如下。

1. 强化良种选育和审(认)定

一是要加大良种选育监管力度,限制认可度低的良种推广应用。要加大监管力度,制定工作规范。从国家层面,要严格把控国家级、省级良种选育程序,林业主管部门对各自区域内油茶良种选育中的选种、繁育等各个环节实时监督,确保各程序都按要求、按标准保质保量地进行。对现有油茶良种从使用情况、种植效益等方面进行系统全面的排查,对利用率、经营效益和市场认可度低的良种,限制推广应用。二是要建立良种基地动态评估和奖惩机制,加大育种资金投入。收集全国油茶良种基地信息,建立动态评估和奖惩机制,对基地建设质量实行定期评估,将质量下降明显、不符合评定条件的基地除名。加大

育种资金扶持力度,鼓励油茶良种选育单位联合培育高产、优质、高抗新品种,提高种质资源利用率。

2. 加强良种繁育推广工作

一是要整改现有采穗圃,提高良种繁育单位准入门槛。组织专家协同地方林业主管部门对现有获得许可的采穗圃实地检查,按标准逐项核对,对品种来源不明、品种不清以及专业技术人员对品种辨识和配置不清的采穗圃限期整改或予以取缔。提高良种繁育单位的准入门槛,地方种苗管理部门对于申请育苗的单位和个人实行严格准入制度,专业技术人员必须通过林业主管部门考核持证上岗。二是扩大优良良种使用范围,加强良种繁育技术培训。明确各油茶良种的推广区域及各区域补贴良种的名目,扩大优良良种使用范围,打破地方保护主义,种植户可择优自主选择油茶品种;育苗户必须定期接受种苗管理部门认可的良种选育培训和监督,充分掌握所繁育的油茶良种苗木特性、栽培管理等方面的专业知识。

3. 创新栽培管理技术

一是分地区细化高效栽培和低产林改造技术。组织良种选育和推广单位制定完善各良种在不同地区高效栽培技术规程或手册并组织专家论证;对全国现有约200万公顷的油茶低效林按不同地区、不同种植品系和不同经营主体类型分类展开调研,综合分析产生低产、低效的原因,制定和完善相应的改造技术规程,分批有序推进低产、低效油茶林的改造工作。二是建立专家库和高产示范基地,引导经营者科学经营。选择从事油茶良种选育、栽培、加工利用、管理、政策解读等方面的专家,构建油茶产业发展专家库,提供政策咨询和技术指导服务;通过建立高产示范基地的形式,引导广大林农和企业加深对油茶经营发展投资效益、周期等方面的认识,避免在油茶产业发展过程中出现大的投资风险;鼓励支持在油茶林中因地制宜套种中药材、蔬菜等经济作物,以耕代抚、以短养长,切实提高经济效益。

4. 加强油茶采收、加工和综合利用

一是推进油茶全产业链机械化建设步伐,完善加工工艺。协调组织油茶

科研单位与油茶企业联合科技攻关,推进油茶全产业链机械化建设步伐,提高生产效率,解决油茶林抚育管理中林地垦复、采收等工作人力耗费过大以及生产经营成本过高的问题;开展油茶加工剩余物高效利用的技术研究,不断完善加工工艺,优化产品质量,拓展产品种类,提高油茶产品市场竞争力。二是制定油茶产品质量标准,建立油茶产业高质量发展公共服务平台。组织专家制定出台国家和地方油茶产品质量标准,建立健全油茶生产加工环节的标准体系。建立官方的油茶产业高质量发展公共服务平台,组织专家全面解读油茶相关政策信息,提供油茶产业各个环节信息和油茶生产经营环节的关键技术共享、可查、可咨询和可互动等功能。三是加强公共品牌建设与宣传,提高消费者对油茶品牌认知度。政府应重点支持、林业部门主持建设具有特色的油茶公共品牌,形成"百花齐放"的局面。政府给予重点油茶企业产品宣传一定的经费补贴或政策优惠,鼓励利用电视等大众传播媒体和探索新的宣传方式进行茶油品牌和茶油营养价值的宣传,如开展油茶或茶油文化节等,提高消费者对油茶的认知度。油茶企业可开发性价比高、不同规格、不同档次的茶油产品,利用超市等传统销售渠道和直播带货等新兴销售渠道提高茶油销售量。

5. 组建油茶科技服务团队,完善油茶科技服务体系

整合全国油茶技术推广力量,建立不同层次和功能的标准化油茶科技服务团队,通过现场培训、技术讲座等形式,定期开展技术指导和咨询服务,使油茶种植户切实掌握良种壮苗选育、品种配置、科学选地、合理施肥、整形修剪等关键技术,助推油茶产业增量提质;依托科研院所、林业工作站、苗圃、科技示范基地等制定完善油茶产业科技服务体系,建立激励奖励机制。

(四)油茶水肥药一体化管理趋势分析

我国油茶大部分分布于丘陵坡地,季节性、区域性干旱较为严重,灌溉和施肥已成为油茶生产中花费劳力最多的工作,增加了生产成本。同时,传统保水和施肥方法使水、肥又很难满足和适应集约化油茶生产的需要。

为了达到降低生产成本、提高效益的目标,因地制宜地制定油茶水肥药一体化管理地方标准至关重要。同时推行标准化生产技术,在广大企业与茶农中推广应用新技术,制标和推标相结合,使油茶能够适应市场需求和市场准入的需要,促进油茶生产发展,对增加农民收入具有积极的促进作用,且能降低林地土壤污染与减少水资源浪费,满足油茶产业发展对肥水管理提出的精准、实用、可行的技术需求,加速实现油茶生产管理精准化、自动化。

（五）油茶病虫害绿色防控发展趋势分析

油茶病虫害绿色防控是以促进油茶安全生产、减少化学农药使用量为目标,采取生态控制、生物防治、物理防治、科学用药等环境友好型措施来控制有害生物的有效行为。实施绿色防控是贯彻"公共植保、绿色植保"的重大举措,是发展现代油茶产业,建设"资源节约,环境友好"两型油茶农业,促进油茶生产安全、质量安全、生态安全和贸易安全的有效途径。

油茶病虫害绿色防控实践证明,生态调控、理化诱控、生物防治和科学用药等措施仍是未来主要发展趋势。一是通过生态调控技术的运用,可以改造病虫害发生源头及滋生环境,人为增强油茶林自然控害能力和林木抗病能力,减少炭疽病、软腐病、煤污病、叶饼病的侵染,以及油茶食叶、蛀干和蛀果等虫害的发生。二是通过理化诱控和生物防治措施,减少虫口密度,把油茶病虫害控制在一定的经济阈值内,达到有病虫而不成灾的目的。三是通过科学用药,减少农药的使用量,降低农药残留和对环境的污染,达到环境友好的目的。油茶绿色防控技术虽然可行,但见效慢,对防治方式、时机和药物的选择要求高,必须在有效掌握病虫发病规律和动态的基础上,坚持"治早、治小、治了"的原则,才能实现可防、可控、有效的目标;如果病虫害大面积发生,则必须采用化学防治才能全面控制。因此,开展油茶病虫害绿色防控工作,要大力宣传绿色防控的理念,坚持"预防为主,综合防治"的原则,让绿色防控理念深入基层生产实践中去。要加强油茶林病情、虫情监测,做到对油茶林病虫情的发生动态实时掌握。只有科学合理选用防控措施,才能实现油茶林病虫害绿色防控的目标。

（六）油茶全程机械化农机农艺融合技术发展趋势分析

当前农业生产中机械设备的使用具有必要性,对于整个工作效率的提高有较为突出的使用意义。油茶产业在谋求发展、开展农业生产时,要通过对机械设备的应用来优化当下的生产环节和作业方式。油茶产业规模化发展依赖于油茶机械化的持续完善,应通过构建标准化模式为农业产业化的形成奠定基础。在当前油茶机械设备发展背景下,要对当下的油茶生产作业环境进行分析,明确其中存在的工作难点与工作重点,针对现有的生产问题建议进行改进,对人工操作的实际问题进行针对性的技术革新。为了保障农业机械化不断发展,在产品开发时要从宏观生产的角度出发,探究高质量的生产设备,也要从实际的生产条件出发,尽可能开发小型、自动化、适宜人工操作的作业机具。在提升现有工作效率的基础上,持续开发复合型智能型作业设备,通过从简单实用到复杂智能的持续创新,进一步推动油茶产业机械化发展。

二、油茶产业未来发展预测分析

(一)中国油茶产业发展方向及投资机会分析

近年来,我国油料自给率持续下滑,油料、粮食以及石油安全已经成为我国三大突出的问题。同时,大豆油、菜籽油、花生油价格也轮番上涨,步步紧逼,敲响了我国食用油安全的警钟。由于茶油企业能带动农民致富,地方政府对于企业的帮扶力度较大,不仅在种植环节推动茶油企业的发展,而且也能协助解决茶油企业的其他难题,茶油行业在政府的推动下快速发展起来。

油茶所含的特殊活性物质,在开发新药物、新化妆品方面蕴藏着极大的潜力。未来山茶油系列的洗护用品及相关药物保健品也一定能占据相应的市场份额。

目前,我国已筛选出一批优良无性系品种,科学研究和技术创新不断深入并在生产中推广应用,油茶优良品种在生产上的应用和对低产林进行改造,为新建油茶基地、提高油茶果产量奠定了良好基础,培育新品种、改造低产林必将成为油茶行业发展的一大趋势。

2019年多家油茶上市企业因原材料上涨,资金链出现缺口而经营亏损,停牌退市,给许多油茶企业敲响了警钟,如何在前人的基础和经验教训上创新经营模式，实现有序健康的经营发展，将是未来油茶产业的一大难题，它的解法也将会成为油茶产业的一大趋势。

从油茶行业龙头企业的发展方向以及油茶本身所具有的潜力来看，目前油茶行业的发展趋势有开发新药物和新化妆品、培育新品种及改造低产林、创新经营模式等。

（二）中国油茶产业发展规模分析

为实现2025年油茶产业发展规划目标，未来几年我国油茶产业发展将以实施油茶质量提升工程为重点，以科技创新为支撑，强化质量监管和品牌建设，建立健全投融资机制，大力推进产业化经营，推动我国油茶产业高质量发展。

（三）中国油茶产业发展趋势分析

近年来，党中央国务院和各级政府部门对发展油茶产业高度重视，党和国家领导人多次就油茶产业发展做出重要批示、指示，推动了油茶产业新一轮的快速发展。2019年9月，习近平总书记在河南省光山县司马光油茶园考察调研时强调，利用荒山推广油茶种植，既促进了群众就近就业，带动了群众脱贫致富，又改善了生态环境，一举多得。要把农民组织起来，面向市场，推广"公司+农户"模式，建立利益联动机制，让各方共同受益。要坚持走绿色发展的路子，推广新技术，发展深加工，把油茶业做优做大，努力实现经济发展、农民增收、生态良好。[①]2019年国家发改委将油茶经济林的培育列为《鼓励外商投资产业目录》，2020年中央财政将油茶低产低效林改造纳入支持范围，国家林业和草原局发布了《油茶产业发展指南》；15个油茶主产省（区、市）（包括海南省）均印发了省级油茶产业发展规划。未来我国油茶产业将从高速发展阶段进入高质量发展阶段。

---

① 刘志强、杨子佩：《种下油茶树 走上致富路——河南省信阳市光山县做优做大油茶业纪实》，人民网，http://cpc.people.com.cn/n1/2020/0502/c64387-31695911.html，2020-05-02。

三、中国油茶产业供需预测

（一）中国油茶产业供给预测

根据国家林业和草原局发布的《加快油茶产业发展三年行动方案（2023—2025年）》，截至2022年全国油茶种植面积7084.5万亩，茶油产能100万吨。2023—2025年完成新增油茶种植1917万亩、改造低产林1275.9万亩，确保到2025年全国油茶种植面积达到9000万亩以上、茶油产能达到200万吨。

（二）中国油茶产业需求预测

近年来，中国加大对茶油行业的扶持力度，在市场需求攀升及政策利好形势下，油茶种植面积呈现平稳上升趋势，茶油行业市场规模也逐渐扩大。根据国家林业和草原局发布的数据，2022年中国茶油市场销售收入已经超过1000亿元。可以看到，中国茶油的产销率自2018年来总体呈现上涨的趋势，2020—2022年，中国的茶油产销率均超过96%，未来茶油产销率仍会在96%左右徘徊。

四、茶油进出口贸易预测分析

中国茶油产量占全球95%以上，从我国茶油市场需求构成来看，茶油的市场需求由两部分组成，一部分是国内消费量，一部分是出口量。目前国内消费量在茶油市场所占的比重接近100%，茶油出口量极少，出口量最大的企业只有几家：湖北黄袍山绿色产品有限公司(本草天香茶油)、浙江金勺科技有限公司(金勺山茶油)、湖南新金浩茶油股份有限公司(金浩茶油)。主要原因：一方面是我国现阶段茶油年产量较少；另一方面在国际上，现阶段橄榄油占据了木本食用油市场，茶油还未被广大消费者认识，茶油竞争力不足。但是，随着贸易全球化以及国际市场对茶油优质特性的认识，国外企业从中国进口茶油和国内企业将开发出来的茶油产品销售海外，必将成为一种趋势，国际市场对我国茶油的潜在需求很大。

第二节　油茶未来发展策略分析

一、产品创新战略分析

油茶"全身是宝"。茶油除了烹调食用，还可用于医药和化工行业。油茶籽榨油后剩下的油茶籽饼粕也有非常大的利用价值，油茶籽饼粕里茶皂素含量高，茶皂素不仅具有优良的表面活性，还具有灭菌、杀虫和消炎作用，被广泛应用在日用化学、医药、生物农药、建材化工等行业。

油茶产品创新需要从两个方向出发，一是我们现有的茶油产品怎么继续创新，二是油茶的衍生产品创新开发。茶油产品我们可以进行包装设计创新、茶油的口感创新、茶油的等级差异化创新、产品文化创新等。

油茶的衍生产品可以往日用化学、医药、生物农药等方向进行进一步的研发创新。

二、品牌建设战略分析

油茶品牌的作用在当今社会文化与经济蓬勃发展的背景下显得尤为重要。为了进一步推广油茶产品、提高客户的忠诚度，在激烈竞争中脱颖而出，必须加强品牌建设。品牌的建设可以增加产品价值，促进销售，降低新产品的推广成本，尤其是随着时间的推移，其品牌文化内涵、不可复制性等特性更是构成了企业的竞争力。

目前油茶产业可以从以下五个方面进行品牌建设战略分析。

①产品质量建设。高标准、高品质的产品永远是产品品牌建设的基础。

②产品创新。不断地根据市场需求进行产品的创新开发，深受市场欢迎的产品在品牌建设上才更有优势。

③地标产品建设。加强油茶产品的地域性标准制定，大力推广油茶地标标准建设及地标品牌建设。

④产品文化创意。油茶产业应该走出一条"产业+文化"的发展之路，在产业融合的基础上，挖掘油茶文化内涵，打造乡村特色文化品牌产品。

⑤品牌保护。企业要加强对知识产权的保护，尤其是品牌的保护，要学会用法律手段保护自己的品牌。

三、市场营销创新战略分析

（一）创新营销主体

首先，形成集约式发展和规模效应。企业可以采取集约化经营模式，在充分利用一切资源的基础上，更集中合理地运用现代管理与技术，充分发挥人力资源的积极效应，以提高工作效益和效率。企业具有典型的规模经济效应，销售额大，才能够压低采购成本、降低运营成本、提高盈利能力。其次，培养构建高素质的采购团队。企业经营需要将成本控制在较低水平，从而达到本企业和生产企业双赢的局面。最后，构建新型信息化物流配送体系。完善区域物流配送体系，由单一的区域销售网转变为区域采购网、信息网和配送网相结合的现代化商业网结构，实现企业采购、配送、销售体系的完善化。

（二）创新产品质量和服务品质

随着油茶产业的快速发展，油茶产品的品种、质量和价格大体相当，利润平均化。当价格不能成为企业竞争的主要手段时，企业之间的竞争主要转向非价格的竞争。谁能为顾客提供最优质的服务，谁就能赢得顾客，赢得市场。服务竞争正顺应了这一规律，它是对传统竞争模式的变革，属于非价格竞争的范围，其核心是要求企业为顾客提供更好、更有特色或者更能适合顾客需求的产品和服务。

（三）创新营销网络

无论是采用何种营销模式，其直接的效果都是为了促进商品在市场的流通。营销网络，是商品流通的重要渠道。建立高效的营销网络渠道，并不是简单技术构架的问题，它需要企业整体力量的调配，需要做好人力资源、技术资源、硬件资源等多方面的协调工作。企业应该根据现实市场需求的变化，对资源进行灵活的调配。企业要不断地创新与疏导流通渠道，开拓有效的营销网点，扩大客户群体，构建一个全方位、多层级、立体有效的营销网络。

（四）创新营销组织

市场营销是一项综合性的工作，需要企业多方面力量的协同努力，就具体的执行操作来看，营销组织是营销工作开展中最为重要的一个部分。在网络环境下，营销组织应该具备快速的反应能力，灵活的应对能力。传统的采用分销部门、广告部门、推销部门、公关部门进行分散作业的方式将会被逐渐淘汰，这种分散的营销组织模式并不利于企业营销工作的开展，建立具有弹性、高效便捷、结构精简的营销组织将是企业创新的重要内容。

四、对乡村振兴的影响

油茶产业高质量可持续发展可长期助推乡村振兴。近年来，相关地区把油茶产业生态化、生态油茶产业化作为巩固脱贫攻坚成果和推进乡村振兴的重要路径，充分利用荒山荒坡、房前屋后、田边地坎种植油茶。同时积极开展产学研合作，加大油茶品种培育，建立油茶育苗基地、科研基地，发展油茶生态旅游，促进当地农民持续增收，实现了良好的生态效益、经济效益和社会效益。

油茶是全球四大木本食用油料之一，也是国家粮油安全的战略产业。党的十八大以来，我们坚持"绿水青山就是金山银山"的发展理念，把发展生态惠民的油茶产业作为加快农村增收致富和乡村振兴的基础与战略产业来抓，采取一系列行之有效的措施，广泛调动和依靠社会力量投入油茶产业，极大地推动了油茶产业的快速推进和转型升级。

第三节　油茶产业投资及风险分析

一、投资环境考察

据国家林业和草原局对茶油产业的规划，到2025年，我国油茶种植面积将达到9000万亩以上。油茶自身适应能力很强,对土质要求不高,根系非常发达,因此可以起到防止水土流失的效果;油茶叶片和树皮光滑,具有很好的防火性,可以用于荒山的绿化种植。发展油茶种植,可以使环境变得优美,保持水土、丰富林种结构,具有很好的经济效益和生态效益。推动油茶产业发展,经济效益非常高,可以有效提高山区农民收入水平。

近年来,中央财政将油茶低产低效林改造纳入支持范围,国家林业和草原局发布了《油茶产业发展指南》,15个油茶主产省(区、市)印发了省级油茶产业发展规划,加快推进油茶低产低效林改造和管护。在国家政策的扶持与鼓励下,我国油茶种植面积处于逐年增长的态势。经过多年新造油茶林和改造低产林,我国油茶林结构已发生明显变化,高产林面积已超过1400万亩。油茶技术储备充足,已经选育出一批良种并不断升级,探索出一系列科学栽培模式,区域试验成效显著,食用油单产可提高5~10倍。从市场需求看,随着人们消费结构升级,少吃油、吃好油已成为健康消费的趋势。茶油与市场常见的橄榄油一样,同属木本食用油,都是认可度较高的"健康油""高端油"。但是,受市场认知度不高和加工成本过高等因素影响,目前茶油消费量还不高。

油茶产业是"高投入、高产出、收益期极长"的产业。盛果期长达50~100年,从栽植到盛果期需要6~10年的时间。油茶加工小作坊较多,小作坊规模小,大多停留在初级加工阶段,精深加工能力低。加快研制高产、高油、高抗"新一代"油茶新品种,加强科研技术研究,力争油茶产业在发展优质新品种、培育技术、加工工艺、新品研发等方面取得进一步突破。

油茶在我国种植历史悠久,兼具显著的生态、经济和社会效应。国家林草局、国家发展改革委、财政部印发的《加快油茶产业发展三年行动方案(2023—2025年)》,明确了2023年至2025年完成新增油茶种植1917万亩、改造低产林1275.9万亩,到2025年全国油茶种植面积达到9000万亩以上、茶油产能达到200万吨等一系列发展目标。

二、投资风险分析

（一）产业政策波动风险

油茶被誉为"东方油橄榄"，是中国特有的、品质上佳的木本油料，是农民增收、维护粮油安全、进行生态建设的"重要法宝"。在脱贫攻坚这场没有硝烟的战役中，油茶产业作为林草业脱贫攻坚的中流砥柱，有效带动全国近200万贫困人口脱贫增收。"十四五"是巩固脱贫攻坚成果与乡村振兴有效衔接的重要时期，保证脱贫人口不返贫，关键看产业发展。推进油茶产业发展，有助于实现生态美、百姓富，打通绿水青山向金山银山转换通道，将生态优势转化为经济优势，促进形成乡村经济绿色发展的长效机制。国家林业和草原局着力实施油茶质量提升工程，提升油茶产业科技创新水平，打造具有国际影响力的油茶品牌，促进油茶产业市场健康发展，建立多元化投融资模式，推动油茶产业成为农民增收致富的新途径、实施乡村振兴战略的新亮点和建设美丽中国的新名片。国家在政策上会长期支持油茶产业的发展，油茶产业的政策波动风险影响非常低。

（二）技术发展风险

油茶产业发展的技术风险包括油茶种植技术风险与茶油及其副产品加工技术风险。

油茶种植技术风险主要表现在油茶品种选择的适当与否，种植区域的土壤、气候、水源条件是否适宜；造林密度、施肥抚育等的经营管理措施是否得当。比如：引种江西的赣石系列油茶品种到云南高山地区，可能产果率及出油率较低，从而产生风险；早期提倡的高密度种植与现今的适当密度种植的油茶产量相当，高密度种植产生成本浪费，造成经营风险；等等。

我国油茶深加工和精炼技术研究还处于起步阶段，很多厂家生产的产品只能达到二级食用油标准，少数企业能生产一级食用油。随着今后更先进的茶油深加工技术形成和机械推广应用，使用现有技术设备会出现功能性贬值，由此可能导致成品加工技术风险的发生。茶油副产品开发利用情况也是如此。

（三）市场竞争风险

目前看我国油茶产品需求稳步上升，但是油茶产业也逐年稳步发展，产品市场发展相对平稳，还未形成激烈的市场竞争。从2012—2021年茶油的产量与需求量变化中可以看出，当前中国的茶油产量已经能够满足中国茶油的需求量，中国茶油的产销率自2018年来总体呈现上涨的趋势，2020年，中国的茶油产销率为96.98%，2021年为96.23%。据前瞻产业研究院对茶油近几年的发展规模以及将来的发展趋势测算，结合国家林业和草原局对近年来中国茶油发展增速的预测，前瞻研究院认为2021—2027年中国茶油市场规模将以约2.4%的增速进行复合增长，到2027年，中国茶油行业市场规模将超过1250亿元。

（四）自然灾害风险

我国油茶主要分布在湖南、江西、广东、海南、湖北、广西、福建等省（区、市），其中湖南、江西的油茶种植最广。不同区域的油茶在种植的过程中会遭遇不同的自然灾害风险。

1. 台风侵袭

沿海地区的油茶种植产区会有台风侵袭的风险，台风属于自然灾害，是伴有暴雨的灾害性天气，国际上以热带气旋中心附近地面的平均最大风力确定热带气旋的强度。台风持续时间在2~4天。台风对油茶生产影响较大，尤其是强台风，进入挂果期的油茶基本受灾，平均落果率为50%以上。

2. 低温寒潮

当环境温度在0℃以下时容易使正处于生长期或休眠期的油茶树体内发生冰冻，导致根系、主干、枝梢、叶子等受到损害，植株死亡，所以经常遇到低温天气的地域一般通过种植当地耐寒品种、选择合理种植区域、保温覆盖、培土壅根、包裹树干、刷白、熏烟、喷洒保温剂、化学调控等手段来降低低温、冰雪对油茶树造成的危害。当寒潮灾害不能避免时要及时通过清理积雪、修剪树枝、松土施肥、叶面喷肥、保树保果、强化病虫防治等方法来降低损失。

3.干旱

持续的干旱天气会造成油茶的产量严重降低。多数油茶种植地区在早春、夏季至初秋时期容易出现干旱、缺水现象，会使正在生长、结果中的茶油脂转化率降低，结出不饱满的果实，品质不佳。所以在干旱期要对油茶树经常浇水、施肥，有条件的企业可以建设智能化水肥系统，提高油茶产量和品质。

4.冰雹

我国多数油茶种植区域在每年的3月至7月期间易发生冰雹天气，这一时期正是油茶新梢生长、幼果形成的关键时期，若遇到冰雹天气，新梢和幼果会被砸烂，导致减产。近年来随着科技的发展，各地区也加大了人工影响天气作业站建设，作业点密切注意天气形势变化，及时实施人工消雹，减少冰雹的危害。

（五）经营管理风险

第一，油茶种植前期投入大，回报期长。油茶苗从种下到盛果期需要6~10年的时间，进入盛果期前，需要种苗、整地、人工、化肥等费用，每亩地投入1500元至2000元，十亩地就是1.5万~2万元，并且油茶树的生长周期长，前6年需要持续地投入资金却没有收入，10亩地6年的投入在10万元左右，这是农民的最大束缚，如果中间资金链断裂，就会前功尽弃。

第二，油茶产量不稳定。老品种的油茶产量非常低，每亩茶果仅仅产油5公斤，为了扩大产量可采用扩大林业种植面积或者选择高产的油茶树品种。而经过改良的高产优质品种每亩可产油50公斤左右，但是油茶树需要6~10年的时间进入盛果期才可以知道是否属于高产品种，这样时间成本巨大，也是许多种植户望而却步的原因。

第三，人工难请工价高。这对油茶产业来讲已是一种常态和趋势。而且油茶行业缺乏职业经理人，缺乏技术团队。

第四节　中国油茶产业投资建议

一、项目投资产品方向建议

油茶产业相关投资产品方向有六个。

①油茶种植

随着油茶产业的不断发展,油茶种植已经成为高效的林木经济。适宜种植油茶的地区企业可以投资种植油茶。

②茶油加工

油茶产业需要发展标准化、科技化、现代化的茶油加工企业。油茶籽核心产区或者具有油料加工技术经验的企业可以投资茶油加工。

③油茶衍生产品开发

油茶"全身是宝",有很多衍生产品值得我们开发利用,包括日用化学、医药、生物农药、建材化工等方面的产品。油茶的衍生产品具有超高的市场价值,非常值得投资。

④油茶产品销售

油茶产品销售还属于初级阶段。目前油茶种植还处于快速发展阶段,需要有专业的公司投资参与到油茶相关的产品销售中来。

⑤油茶产业配套产业投资

随着国家及各地支持油茶产业发展的政策陆续推出,以及市场需求不断增加,油茶种植规模日益增长,油茶种植生产过程中的专用农机设备、油茶专用的生产投入品市场缺口很大,相关产业具有较高的投资价值。

⑥油茶产业科技研发

产业的发展离不开科技的支撑,油茶产业正在蓬勃发展,投资油茶产业的相关科技研发具有良好的前景,包括油茶新品种选育、油茶种苗研发生产等。

二、项目投资其他注意事项

①投资油茶种植需要因地制宜，不可盲目种植，企业投资油茶种植最好与科研单位合作，确保有相关的技术支持。

②投资油茶加工的企业，需要考虑周边油茶的种植规模以及产量，以免出现原材料缺乏，跨地区采购原材料增加成本。

③密切关注市场需求，盲目扩增产量可能会导致油茶产品市场供过于求，给企业带来市场风险。

④企业要加强人才培养，目前油茶产业还属于发展初期，行业内专业的人才比较紧缺，人才队伍建设不完善会给处在快速发展阶段的企业的生产管理带来较大的风险。

⑤加强油茶产品的标准化建设。目前油茶以及相关衍生产品的标准化水平还有待提高。

后　记

本书是中国乡村发展志愿服务促进会（以下简称促进会）牵头编写的特色优势产业蓝皮书之一，是促进会关于中国油茶产业发展的第一个蓝皮书。本书编写主要以中国林科院亚热带林业研究所、各省级林科院、海南大学、中国粮油学会油脂分会等相关单位的油茶育种栽培及加工等领域的专业人员为主，同时还邀请了国家林业和草原局从事油茶产业宏观研究、市场分析方面的专家学者参与编写工作。

本书由中国林科院亚热带林业研究所特聘研究员、海南大学热区油茶研究团队首席专家冯纪福教授总体设计撰写方案、全程指导撰写工作，相关编写人员通过搜索查阅、企业座谈、调研、电话咨询、数据分析、召开线上会议等，沟通协调完成编写内容。在此期间，发挥了编写成员较强的分工协作能力，如期形成了初稿，又经中国乡村发展志愿服务促进会组织的专家初审会和专家评审会评审，最终形成了《中国油茶产业发展蓝皮书（2022）》。

本书结构框架由主编冯纪福审定，统稿由汪韦兴完成，撰写人员具体分工如下：

第一章　油茶产业基本现状

　　　　于旭东（海南大学农业农村学院院长、教授）

　　　　程军勇（湖北省林业科学研究院经济林研究所所长、研究员）

　　　　方学智（中国林业科学研究院亚热带林业研究所）

　　　　王雁斌（国家林业和草原局发展研究中心副研究员）

第二章　油茶产业市场情况分析

　　　　周昌勇（杭州骏薄企业管理公司高级会计师）

　　　　相　海（中国农业机械化科学研究院高级工程师）

　　　　张应中（广东省林业科学研究院研究员）

第三章　油茶产业科技创新发展分析

　　　　龚　春（江西省林业科学院总工程师、研究员）

　　　　方学智（中国林科院亚热带林业研究所研究员）

第四章　油茶产业典型发展模式与代表性企业分析

　　　　程军勇（湖北省林业科学研究院经济林研究所所长、研究员）

　　　　陈永忠（湖南省林业科学院副院长、研究员）

　　　　周新平（湖南大三湘茶油股份有限公司高级工程师）

第五章　油茶产业发展预测及投资机会分析

　　　　于旭东（海南大学农业农村学院院长、教授）

　　　　宋希强（海南大学林学院院长、教授）

　　在此向蓝皮书统筹规划、篇章写作和参与评审的专家们表示感谢！本书由编委会主任刘永富审核。正是由于大家的辛勤努力和付出，保证了该书能够顺利出版。此外中国出版集团及研究出版社也对本书给予了高度的重视和热情的支持，其工作人员在时间紧、任务重、要求高的情况下，为本书的出版付出了大量的精力和心血，在此一并表示衷心的谢意！由于编写时间短，本书仍存在一些不足和有待改进与完善的地方，真诚欢迎专家学者和广大读者批评指正。

　　　　　　　　　　　　　　　　　　　　　　　　　本书编写组

　　　　　　　　　　　　　　　　　　　　　　　　　2023年6月